JN100792

飯田線

1960～90年代の思い出アルバム

解説 牧野和人

◎水窪　1982（昭和57）年11月8日　撮影：野口昭雄

.....Contents

1章
カラーフィルムで記録された

2章
モノクロフィルムで記録された

昭和50年代に至るまで、旧型国電の博物館と称されるほど多種多様な
電車の姿を見ることができた飯田線。老朽化が進む電車を国電近代化
初期の系列と位置づけられていた80系で置き換えた。しかし、湘南形
電車として一世を風靡した電車も製造から30年余りが経過し、1982
（昭和57）年に車両近代化の切り札として119系が新製投入された。
◎豊橋機関区　1983（昭和58）年2月14日　撮影：森嶋孝司（RGG）

飯田線沿線の絵葉書

（所蔵・文 生田 誠）

豊橋駅【昭和戦前期】
現在はJRと名鉄の連絡駅となっている豊橋駅は、飯田線の始発駅でもある。飯田線の歴史は、私鉄の豊川鉄道として1897（明治30）年に始まっている。豊川鉄道の豊橋駅は2年後（1899年）に吉田駅と改称し、駅舎は国鉄駅と並んで置かれていた。これは2つの駅舎が並んで存在する駅前の風景で、自動車や人力車の姿がある。

豊川駅【大正期〜昭和初期】
複雑な形の瓦屋根が見える豊川駅の堂々たる駅舎である。この駅は1897（明治30）年、豊川鉄道が豊橋〜豊川間を開通した際に開業している。開業して間もなく、豊川〜一ノ宮（現・三河一宮）間が延伸して途中駅に変わった。豊川稲荷の門前町として発達した豊川の市街地中心部に位置し、早くから賑わっていた様子がうかがえる駅前風景である。

豊川駅【昭和戦前期】
豊川鉄道を代表する顔でもあった豊川駅は1931（昭和6）年に改築されて、鉄筋コンクリート3階建ての新しい駅舎に生まれ変わった。昭和初期という時代を反映した優美な外観をもつ建物には豊鉄デパートが入居しており、豊川みやげや全国の物産品が販売されていた。右側には食堂の存在を示す看板や旗などが見える。

TOYOKAWA INARI
（荷稲川豊）豊川驛

豊川鉄道絵図【昭和戦前期】
吉田（現・豊橋）駅を始発駅とする豊川鉄道・田口鉄道・鳳来寺鉄道の路線図である。このうち、吉田〜（三河）川合間は現在のJR飯田線で、三河川合駅より先は三信鉄道が開いた路線である。一方、鳳来寺口（現・本長篠）〜清崎・三河田口間は戦後、豊橋鉄道の田口線となったが、1965（昭和40）年の水害で不通となり、後に廃止された。

三河大野駅
【大正期〜昭和戦前期】
現在は愛知県新城市にある飯田線の三河大野はかつて八名郡大野町に置かれており、1923（大正12）年に鳳来寺鉄道の駅として開業している。ここは鳳来寺と秋葉山を結ぶ秋葉街道の宿場町として栄えた場所で、現在は国道151号が通っている。1925（大正14）年に全線が電化された鳳来寺鉄道だが、小さな蒸気機関車も活躍していた。

三信鉄道路線図
【昭和戦前期】
三河川合〜天竜峡間を結んでいた三信鉄道（現・JR飯田線）の路線図で、天竜川沿いに路線が延びてトンネルが続いていることがわかる。まず、長野側の天竜峡〜門島間が1932（昭和7）年に開通し、天竜峡駅で伊那電気鉄道と結ばれた。その後、1933（昭和8）年に愛知側の三河川合〜三信三輪（三輪村、現・東栄）間が開通。それぞれの側で少しずつ路線を延ばしてゆき、1937（昭和12）年に大嵐〜小和田間が開通したことで、現在の飯田線が全通している。

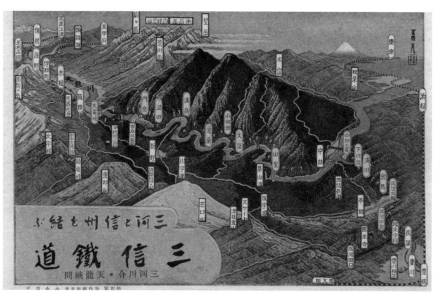

登路概念圖

城北山岳會情報部

八一万尺以上

三信鉄道【昭和戦前期】
辰野〜天竜峡間を結んでいる伊那電気鉄道の路線図で、途中駅として伊那町、飯島、飯田駅などが見える。伊那電気鉄道は1909（明治42）年で最初の私鉄となった伊那電車軌道として辰野〜松島間が開業した後、1912（明治45）年に伊那町駅まで延伸している。途中から地方鉄道に変わり、全線が開通したのは1927（昭和2）年とかなり遅かった。主要駅である飯田駅が開業したのは1923（大正12）年である。

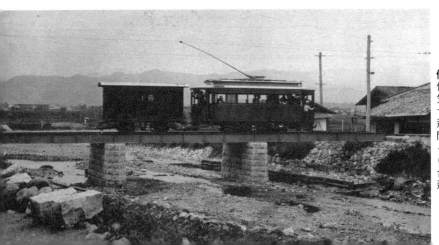

伊那電気鉄道・小沢川鉄橋
伊那市内を流れる小沢川を渡る伊那電気鉄道の列車で、電車と貨車の1両ずつの編成である。伊那電気鉄道は、伊那町（現・伊那市）駅と北伊那駅との間で天竜川の支流である小沢川を越えることとなる。現在の伊那市は1954（昭和29）年に伊那町、富県村などが合併して成立しており、このときに伊那町駅も伊那市駅に改称している。

伊那電気鉄道・中田切付近
現在の駒ケ根市と飯島町の境界を流れる中田切川に架かる橋梁を渡る伊那電気鉄道の風景と思われる。北側には伊那福岡駅が存在しているが、この駅は1914（大正3）年の伊那電車軌道時代に開業している。その後、1918（大正7）年に飯島駅まで延伸したことで、南側に田切駅が誕生した。

伊那電気鉄道・与田切付近
伊那電気鉄道が西側に向かって大きく湾曲していた上伊那郡飯島町の与田切付近の風景である。ここには天竜川に注ぐ与田切川が流れており、付近には現在、与田切公園、キャンプ場などが存在している。北側にある飯島駅は1918（大正7）年2月に開業しており、南側の伊那本郷駅は5か月後の同年7月に誕生している。

伊那電気鉄道・太田切付近
「田切」と呼ばれる特徴的な地形を形成している天竜川の支流の中でも、最大規模を誇る太田切川を渡ってきた伊那電気鉄道の姿である。太田切川は「大田切」川と記されることもあり、飯田線の駅名は伊那電車軌道が開通した1914（大正3）年以来、「大田切」である。大田切駅の所在地は駒ケ根市大田切で、駒ケ根〜宮田間に置かれている。

豊川鉄道・鳳来寺鉄道・三信鉄道の時刻表（昭和13年7月）

十三年七月一日改正　　吉田・長篠・三河川合間（豐川鐵道線）　長篠・三河川合間（鳳来寺鐵道線）
三河川合・天龍峽間（三信鐵道線）　伊那電鐵189頁參照
吉田・長篠・三河川合・天龍峽間（電車）運
連帶驛ノミヲ示ス（但シ佐久間水窪口ハ非連帶驛）

長篠・三河川合・天龍峽行

線名	哩程	運賃	驛名	501	1	31	3	33	5	35	5	37	9	39	11	41	13	43
豐川鐵道線	0.0	錢	吉田（豐橋）發	…	6 11	7 31	8 17	8 54	10 17	11 31	0 54	2 11	3 31	4 18	4 54	6 11	7 44
	4.4	8	小坂井 〃	…	6 18	7 37	8 17	9 01	10 17	11 33	0 18	1 01	2 18	3 38	4 18	5 01	6 18	7 51
	6.6	11	牛久保 〃	…	6 22	7 41	8 21	9 05	10 21	11 42	0 22	1 05	2 22	3 42	4 22	5 05	6 22	7 55
	8.7	16	三河一宮 〃	…	6 26	7 45	8 25	9 13	10 25	11 46	0 26	1 13	2 26	3 46	4 26	5 13	6 26	7 58
	11.9	21	長山 〃	…	6 30	7 50	8 29	9 18	10 26	11 50	0 30	1 18	2 38	3 50	4 30	5 18	6 30	8 03
	14.3	25	東上 〃	…	6 34	7 53	8 34	9 22	10 34	11 54	0 34	1 22	2 34	3 54	4 34	5 22	6 34	8 06
	17.0	30	江島 〃	…	6 38	7 58	8 43	9 26	10 39	11 58	0 38	1 26	2 38	3 58	4 38	5 26	6 38	8 11
	19.7	35	新城 〃	…	6 42	8 02	8 43	9 30	10 43	0 02	0 42	1 30	2 42	4 02	4 42	5 30	6 42	8 15
	21.6	38	東新町 〃	…	6 46	8 06	8 47	9 34	10 47	0 06	0 46	1 34	2 46	4 06	4 46	5 34	6 46	8 19
	22.7	40	川路 〃	…	6 49	8 08	8 50	9 37	10 50	0 08	0 49	1 37	2 49	4 08	4 49	5 37	6 49	8 21
	23.8	42	茶臼山 〃	…	6 51	8 11	8 52	9 39	10 52	0 11	0 51	1 39	2 51	4 11	4 51	5 39	6 51	8 24
	25.0	44	山路 〃	…	6 56	8 16	8 56	9 44	10 56	0 16	0 56	1 42	2 56	4 14	4 56	5 42	6 56	8 26
	28.0	49	長篠 〃	…	7 01	8 19	9 01	9 47	11 01	0 19	1 01	1 47	3 01	4 19	5 01	5 47	7 01	8 31
鳳来寺鐵道線	29.4	53	鳥居 〃	…	7 04	8 22	9 04	9 50	11 04	0 22	1 04	1 50	3 04	4 22	5 04	5 50	7 04	8 34
	30.9	57	長篠古城址 〃	…	7 07	8 25	9 07	9 53	11 07	0 25	1 07	1 53	3 07	4 25	5 07	5 53	7 07	8 37
	32.2	60	鳳來寺 〃	…	7 10	8 29	9 10	9 57	11 10	0 29	1 10	1 57	3 10	4 29	5 10	5 57	7 10	8 41
	35.7	69	三河大野 〃	…	7 16	8 36	9 16	9 16	11 16	0 36	1 16	(田口著) 2 40	3 16	4 36	5 16	(田口著) 6 40	7 16	8 46
	38.2	75	湯谷 〃	…	7 20	8 40	9 20	9 20	11 20	0 40	1 20		3 20	4 40	5 20		7 20	8 52
	40.7	81	三河槻原 〃	…	7 25	8 45	9 25	9 25	11 25	0 45	1 25		3 25	4 45	5 25		7 25	8 54
	45.2	92	三河川合發	…	7 31	8 54	9 33		11 33	0 54	1 33		3 33	4 54	5 33		7 33	9 04
三信鐵道線	51.1	1.09	三河三輪川 〃		7 44	9 04	9 44	…	11 44		1 44		3 44	5 05	5 44		7 44	9 15
	57.3	1.26	三浦 〃	403	7 56	9 17	9 56	…	11 56		1 56		3 56	5 17	5 56		7 56	9 27
	62.4	1.41	中部天龍 〃	6 50	8 09	9 25	10 06	6 06	0 06	1 26	2 06	0 36	4 06	5 26	6 06		8 06	9 36
	63.3	1.43	佐久間水窪口 〃	6 51	8 08		10 08	6 08	0 08		2 08	0 38	4 08		6 08		8 08	
	69.6	1.61	天龍山室 〃		8 22		10 22	6 22	0 22		2 22	0 55	4 22		6 22		8 22	
	76.5	1.80	大嵐 〃		8 36		10 36	6 36	0 36		2 36	1 18	4 36		6 36		8 36	
	81.5	1.88	小和田 〃		8 42		10 42	6 42	0 42		2 42	1 26	4 42		6 42		8 42	
	85.9	2.06	伊那小澤 〃		8 57		10 57	6 57	0 57		2 57	1 42	4 57		6 57		8 57	
	89.8	2.17	満島 〃	6 13	9 07		11 07	7 07	1 07		3 07	2 11	5 07		7 07		9 07	
	98.2	2.41	温田 〃	6 30	9 23		11 23	7 23	1 23		3 23	2 40	5 23		7 23		9 23	
	103.9	2.57	門島 〃	6 41	9 34		11 34	7 34	1 34		3 34	3 00	5 34		7 34		9 34	
	112.2	2.80	天龍峽著		9 50		11 50	7 50	1 50		3 50		5 50		7 50		9 50	

	哩程	運賃	驛名															
伊那電	0.0	圓錢	天龍峽發		6 57	9 55	10 19	11 55	7 55	1 55		3 55	3 19	5 55	6 19	7 55		9 55
	13.8	38	飯田 〃		7 24	10 24	10 50	0 24	8 24	*2 50		4 24	3 50	6 24	6 50	8 24		10 24
	79.8	2.24	辰野 〃							5 07			5 50		9 00			

上表ノ外　豐川行、新城行、東新町行、長篠行ノ區間運轉ノモノアリ
尚吉田發終電ハ8 56ノ新城行 11 15ノ豐川行

吉田行

運賃	驛名	32	2	34	4	36	6	8	40	10	12	14
圓錢	辰野發	5 38	…	…	5 35	…	7 35	9 35	…	11 35	1 35	3 38
1.87	飯田 〃	7 37	5 37	…	7 37	…	9 37	10 01	10 37	1 37	4 01	3 37	5 37
2.24	天龍峽著	8 01	6 01	…	8 01	…	10 01	10 25	11 01	2 01	4 25	4 01	6 01
圓錢	天龍峽發	8 04	6 04	…	8 04	10 04	10 40	0 04	…	2 04	4 40	4 04	6 04
24	門島 〃	8 20	6 20	…	8 20	10 20	11 05	0 20		2 20	5 05	4 20	6 20
40	温田 〃	8 30	6 30	…	8 30	10 30	11 26	0 30		2 30	5 26	4 30	6 30
63	満島 〃	8 45	6 46	…	8 46	10 46	11 55	0 46		2 46	5 55	4 46	6 46
74	伊那小澤 〃	…	6 56	…	8 56	10 56	0 08	0 56		2 56	6 08	4 56	6 56
92	小和田 〃	…	7 10	…	9 10	11 10	0 23	1 10		3 10	6 23	5 10	7 10
1.00	大嵐 〃	…	7 16	…	9 16	11 16	0 36	1 16		3 16	6 36	5 16	7 16
1.20	天龍山室 〃	…	7 30	…	9 30	11 30	0 52	1 30		3 30		5 30	7 30
1.38	佐久間水窪口 〃	30	6 54	7 43	9 43	11 43	1 04	1 43		3 43	7 04	5 43	7 43
1.40	中部天龍 〃	5 46	6 59	7 46	9 46	10 59	11 46	1 06	1 46	2 59	3 46	7 06	5 46	7 46
1.54	三浦 〃	5 46	7 08	7 56	9 56	11 56		1 56	3 08	3 56		5 56	7 56
1.71	三河三輪 〃	6 07	7 20	8 07	10 07	11 20	0 07	2 07	3 20	4 07	42	6 07	8 07
1.88	三河川合發	6 19	7 33	8 19	10 19	11 33	0 19	2 19	3 33	4 19		6 19	8 19
1.99	三河槻原 〃	6 24	7 41	8 25	10 25	11 41	0 26	2 26	3 41	4 26	6 24	6 25	8 26
2.05	湯谷 〃	6 31	7 45	8 31	10 31	11 45	0 31	2 31	3 45	4 31		6 31	8 31
2.11	三河大野 〃	6 35	7 50	8 35	10 35	11 50	0 41	2 35	3 50	4 35	6 35	8 35
2.20	鳳來寺 〃	6 41	7 59	8 41	9 22	11 59	0 41	1 22	2 44	3 59	4 41	5 22	6 41	8 41
2.23	長篠古城址 〃	6 44	8 01	8 44	9 25	0 01	0 44	1 25	2 44	4 01	4 44	5 25	6 44	8 44
2.27	鳥居 〃	6 47	8 04	8 47	9 28	0 04	0 47	1 28	2 47	4 04	4 47	5 28	6 47	8 47
2.31	長篠 〃	6 50	8 08	8 50	9 31	0 50	0 50	1 31	2 50	4 08	4 50	5 31	6 50	8 50
2.36	川路 〃	6 54	8 13	8 55	9 36	10 55	0 13	0 54	1 36	2 54	4 13	4 54	5 36	6 55	8 54
2.38	茶臼山 〃	6 57		8 58	9 39	10 58	0 16	0 57	1 39	2 57	4 16	4 57	5 39	6 57	8 57
2.40	新城 〃	7 00	8 17	9 00	9 42	11 00	0 18	0 59	1 42	2 59	4 18	4 59	5 42	7 00	9 00
2.42	東新町 〃	7 02	8 20	9 02	9 44	11 02	0 20	1 02	1 44	3 02	4 20	5 02	5 44	7 02	9 02
2.45	江島 〃	7 05	8 24	9 06	9 47	11 06	0 24	1 06	1 48	3 06	4 24	5 06	5 48	7 05	9 05
2.50	東上 〃	7 09	8 28	9 09	9 52	11 09	0 28	1 09	1 52	3 09	4 28	5 09	5 52	7 09	9 09
2.55	長山 〃	7 14	8 33	9 14	9 57	11 14	0 33	1 14	1 57	3 14	4 33	5 14	5 57	7 14	9 14
2.59	三河一宮 〃	7 18	8 37	9 18	10 00	11 19	0 37	1 18	2 00	3 18	4 37	5 18	6 00	7 18	9 18
2.64	牛久保 〃	7 23	8 42	9 23	10 05	11 23	0 42	1 23	2 04	3 23	4 42	5 23	6 04	7 23	9 23
2.69	小坂井 〃	7 26	8 45	9 26	10 08	11 26	0 45	1 26	2 09	3 26	4 45	5 26	6 09	7 26	9 26
2.72	小坂井 〃	7 31	8 50	9 32	10 14	11 32	0 50	1 32	2 15	3 32	4 50	5 32	6 15	7 32	9 32
2.80	吉田（豐橋）著	7 37	8 56	9 37	10 19	11 38	0 56	1 37	2 19	3 37	4 56	5 37	6 19	7 37	9 37

上表ノ外　長篠發、東新町發、新城發、豐川發吉田行ノ區間運轉アリ
尚始發ハ吉田行野田城發6 24　終發ハ豐川發11 32ノモノアリ

現在の飯田線区間を民鉄4社で運営していた1938（昭和13）年、1939（昭和14）年の時刻表。現在の豊橋が吉田と記載されているのを始め、長篠古城址や天龍山室と現在は改称、廃止された駅名が目に留まる。一部の列車は、会社間の境界を跨いで中部天竜や飯田等の主要駅まで乗り入れていた模様。乗換駅での接続時間も5分程度と利便性が図られていた。一つの会社内等の区間列車は、別添で記載されている。

伊那電気鉄道の時刻表（昭和14年2月）

十四年二月一日改正　　　　**辰　野・天　龍　峽　間**（連）　　　　連帶驛ノミヲ示ス
（伊那電氣鐵道線）　　　　　（三信鐵道ハ54頁參照）

天　龍　峽　行

粁程	運賃	驛名（列車先番號）	1	3	5	7	9	11	13	15	17	19	21	23	25	27	29	31	33	35	37
0.0	圓錢	辰　野(省驛)發	…	4 35	5 35	6 35	7 40	8 42	9 35	10 35	11 35	0 35	1 35	2 41	3 35	4 42	5 32	6 35	7 35	8 35	9 35
4.1	12	羽　場 〃	…	4 43	5 43	6 43	7 48	8 50	9 43	10 43	11 43	0 43	1 43	2 49	3 43	4 50	5 42	6 43	7 43	8 43	9 43
6.0	17	澤 〃	…	4 47	5 47	6 47	7 51	8 53	9 47	10 47	11 47	0 49	1 47	2 52	3 47	4 53	5 45	6 49	7 47	8 47	9 47
8.6	24	伊那松島 〃	…	4 51	5 51	6 51	7 55	8 57	9 51	10 51	11 51	0 53	1 51	2 56	3 51	4 57	5 49	6 53	7 51	8 51	9 51
10.1	29	木ノ下 〃	…	4 54	5 54	6 54	8 00	9 00	9 54	10 54	11 54	0 56	1 54	2 58	3 53	5 00	5 55	6 56	7 54	8 54	9 56
12.5	35	北　殿 〃	…	4 57	5 57	6 57	8 01	9 03	9 57	10 57	11 57	0 59	1 57	3 02	3 57	5 03	5 55	6 59	7 57	8 57	9 56
16.8	47	伊那北 〃	…	5 04	6 04	7 04	8 07	9 09	10 04	11 04	0 04	1 02	2 03	3 08	4 03	5 11	6 02	7 05	8 04	9 04	10 03
17.3	49	入　舟 〃	…	5 06	6 06	7 06	8 09	9 11	10 06	11 06	0 05	1 06	2 06	3 09	4 04	6 04	7 07	8 08	9 06	10 04	
17.7	50	伊那町 〃	4 08	5 08	6 08	7 08	8 10	9 12	10 08	11 08	0 06	1 08	2 08	3 10	4 06	5 15	6 06	7 08	8 08	9 08	10 05
22.3	63	澤　渡 〃	4 17	5 17	6 17	7 17	8 17	9 19	10 17	11 17	0 15	1 17	2 17	3 17	4 13	5 22	6 17	7 17	8 17	9 17	10 13
26.6	75	宮　田 〃	4 23	5 23	6 23	7 23	8 24	9 26	10 24	11 24	0 22	1 24	2 24	3 24	4 20	5 29	6 24	7 24	8 23	9 23	10 20
30.2	85	赤　穗 〃	4 31	5 31	6 31	7 31	8 31	9 33	10 31	11 31	0 31	1 31	2 31	3 31	4 27	5 36	6 31	7 31	8 31	9 31	10 31
32.8	92	伊那福岡 〃	4 36	5 36	6 36	7 36	8 36	9 37	10 36	11 36	0 36	1 36	2 46	3 44	4 43	5 40	6 36	7 36	8 36	9 36	10 46
37.9	1.07	飯　島 〃	4 46	5 46	6 46	7 46	8 46	9 46	10 46	11 46	0 46	1 46	2 46	3 44	4 43	5 46	6 47	7 46	8 46	9 46	10 46
40.6	1.14	伊那本鄉 〃	4 51	5 51	6 51	7 51	8 51	9 51	10 51	11 51	0 51	1 51	2 51	3 49	4 48	5 53	6 51	7 51	8 51	9 51	10 51
43.5	1.22	七久保 〃	4 56	5 56	6 56	7 56	8 56	9 56	10 56	11 56	0 56	1 59	2 56	3 54	4 53	5 58	6 56	7 56	8 56	9 56	10 56
48.8	1.37	上片桐 〃	5 04	6 04	7 04	8 04	9 04	10 04	11 04	0 04	1 04	2 04	3 04	4 02	5 01	6 06	7 04	8 04	9 04	10 04	11 04
52.7	1.48	伊那大島 〃	5 10	6 10	7 10	8 10	9 10	10 10	11 10	0 10	1 10	2 10	3 10	4 07	5 06	6 11	7 10	8 10	9 10	10 65	11 10
55.3	1.55	山　吹 〃	5 15	6 15	7 15	8 15	9 15	10 15	11 15	0 15	1 15	2 15	3 15	4 12	5 13	6 15	7 15	8 15	9 15	10 65	11 15
59.0	1.66	市　田 〃	5 21	6 21	7 21	8 21	9 21	10 21	11 21	0 21	1 21	2 21	3 21	4 18	5 19	6 21	7 21	8 21	9 21	10 21	11 21
62.0	1.74	元善光寺 〃	5 26	6 26	7 26	8 26	9 26	10 26	11 26	0 26	1 26	2 26	3 26	4 23	5 32	6 24	7 26	8 26	9 26	10 26	11 26
65.7	1.84	櫻　町 〃	5 34	6 34	7 34	8 34	9 34	10 34	11 34	0 34	1 34	2 34	3 34	4 30	5 32	6 34	7 34	8 34	9 34	10 34	11 34
66.5	1.87	飯　田 〃	5 37	6 37	7 37	8 37	9 37	10 37	11 37	0 37	1 37	2 37	3 37	4 37	5 37	6 37	7 37	8 37	9 37	10 37	11 35
70.0	1.96	鼎 〃	5 43	6 43	7 43	8 43	9 43	10 43	11 43	0 43	1 43	2 43	3 43	4 43	5 43	6 43	7 43	8 43	9 43	10 43	…
72.2	2.03	伊那八幡 〃	5 47	6 47	7 47	8 47	9 47	10 47	11 47	0 47	1 47	2 47	3 47	4 47	5 47	6 47	7 47	8 47	9 47	10 47	…
74.7	2.10	駄　科 〃	5 52	6 52	7 52	8 52	9 52	10 52	11 52	0 52	1 52	2 52	3 52	4 52	5 52	6 52	7 52	8 52	9 52	10 52	…
76.5	2.15	時　又 〃	5 55	6 55	7 55	8 55	9 55	10 55	11 55	0 55	1 55	2 55	3 55	4 55	5 55	6 55	7 55	8 55	9 55	10 55	…
78.4	2.20	伊那川路 〃	5 59	7 01	7 59	8 59	9 59	10 59	11 59	0 59	1 59	2 59	3 59	4 59	5 59	6 59	7 59	8 59	9 59	10 59	…
79.8	2.24	天　龍　峽 著	6 01	7 03	8 01	9 01	10 01	11 01	0 01	0 01	2 01	3 01	4 01	5 01	6 01	7 01	8 01	9 01	10 01	11 01	…
192.0	5.04	吉田(豐橋)著		9 37		11 37		1 37		3 37		5 37		7 37		9 37					

上記ノ外　辰野發 10 35 赤穗行　11 30 伊那町行

飯田發 7 01, 8 01, 9 01, 10 01, 11 01, 0 01, 1 01, 2 01, 3 01, 4 01, 5 01, 6 01, 7 01, 8 01, 9 01, 10 01,

11 01, 11 25 天龍峽行ノモノ運轉

辰　野　行

粁程	運賃	驛名（列車先番號）	2	4	6	8	10	12	14	16	18	20	22	24	26	28	30	32	34	36	38
0.0	圓錢	天龍峽 發	…	…	4 22	5 22	6 22	7 22	8 22	9 22	10 22	11 22	0 22	1 22	2 22	3 22	4 22	5 22	6 22	7 22	8 22
1.4	5	伊那川路 〃	…	…	4 25	5 25	6 25	7 25	8 25	9 25	10 25	11 25	0 25	1 25	2 25	3 25	4 25	5 25	6 25	7 25	8 35
3.3	10	時　又 〃	…	…	4 29	5 29	6 29	7 29	8 29	9 29	10 29	11 29	0 29	1 29	2 29	3 29	4 29	5 29	6 29	7 29	8 39
5.1	15	駄　科 〃	…	…	4 33	5 33	6 33	7 33	8 33	9 33	10 33	11 33	0 33	1 33	2 33	3 33	4 33	5 33	6 33	7 33	8 37
7.6	22	伊那八幡 〃	…	…	4 37	5 37	6 37	7 37	8 37	9 37	10 37	11 37	0 37	1 37	2 37	3 37	4 37	5 37	6 37	7 37	8 37
9.8	28	鼎 〃	…	…	4 43	5 43	6 43	7 43	8 43	9 43	10 43	11 43	0 43	1 43	2 43	3 43	4 43	5 43	6 43	7 43	8 43
13.3	38	飯　田 〃	…	…	4 52	5 52	6 52	7 52	8 52	9 52	10 52	11 52	0 52	1 52	2 52	3 52	4 52	5 52	6 52	7 52	8 52
14.1	40	櫻　町 〃	…	…	4 54	5 54	6 54	7 54	8 54	9 54	10 54	11 54	0 54	1 54	2 54	3 54	4 54	5 54	6 54	7 54	8 54
17.8	50	元善光寺 〃	…	…	5 01	6 01	7 01	8 01	9 01	10 01	11 01	0 01	0 01	2 01	3 01	3 59	5 01	6 01	7 01	8 01	9 01
20.8	59	市　田 〃	…	…	5 06	6 06	7 06	8 06	9 06	10 06	11 06	0 06	1 06	2 06	3 06	4 04	5 06	6 06	7 06	8 06	9 06
24.5	69	山　吹 〃	…	…	5 14	6 14	7 14	8 14	9 14	10 14	11 14	0 14	1 14	2 14	3 13	4 11	5 14	6 15	7 14	8 14	9 14
27.1	76	伊那大島 〃	…	…	5 19	6 19	7 19	8 19	9 19	10 19	11 19	0 19	1 19	2 19	3 18	4 16	5 19	6 20	7 19	8 19	9 25
31.0	87	上片桐 〃	…	…	5 26	6 26	7 26	8 26	9 26	10 26	11 26	0 26	1 26	2 26	3 24	4 22	5 26	6 27	7 26	8 26	9 25
36.3	1.02	七久保 〃	…	…	5 36	6 36	7 36	8 36	9 36	10 36	11 36	0 36	1 36	2 36	3 34	4 33	5 36	6 37	7 36	8 36	9 36
39.2	1.10	伊那本鄉 〃	…	…	5 40	6 40	7 40	8 40	9 40	10 40	11 40	0 40	1 40	2 40	3 38	4 36	5 40	6 41	7 40	8 40	9 39
41.9	1.18	飯　島 〃	…	…	5 46	6 47	7 47	8 47	9 47	10 47	11 46	0 47	1 47	2 47	3 45	4 41	5 49	6 47	7 47	8 47	9 45
47.0	1.32	伊那福岡 〃	…	…	5 56	6 56	7 56	8 56	9 56	10 56	11 55	0 56	1 56	2 56	3 54	4 50	5 58	6 56	7 56	8 56	9 59
49.6	1.39	赤　穗 〃	4 02	…	6 02	7 02	8 03	9 05	10 02	11 02	12 00	1 02	2 02	3 03	4 00	4 06	5 01	6 08	7 08	8 08	9 08	10 05
53.2	1.49	宮　田 〃	4 08	…	6 08	7 08	8 09	9 11	10 08	11 08	0 06	1 08	2 08	3 10	4 06	5 01	6 08	7 08	8 08	9 08	10 13
57.5	1.61	澤　渡 〃	4 16	…	6 16	7 16	8 17	9 19	10 16	11 16	0 14	1 16	2 16	3 18	4 15	5 07	6 15	7 16	8 16	9 16	10 13
62.1	1.74	伊那町 〃	4 25	5 25	6 25	7 25	8 26	9 27	10 25	11 25	0 22	1 25	2 25	3 26	4 25	5 16	6 23	7 25	8 25	9 29	10 22
62.5	1.75	入　舟 〃	4 26	5 26	6 26	7 25	8 27	9 28	10 26	11 26	0 23	1 26	2 26	3 27	4 28	5 16	6 24	7 26	8 26	9 29	10 22
63.0	1.77	伊那北 〃	4 28	5 28	6 28	7 27	8 29	9 30	10 28	11 28	0 25	1 28	2 28	3 29	4 28	5 18	6 25	7 27	8 35	9 35	10 22
67.3	1.89	北　殿 〃	4 35	5 35	6 35	7 35	8 37	9 40	10 35	11 35	0 32	1 35	2 35	3 36	4 35	5 29	6 36	7 35	8 39	9 39	10 36
69.7	1.96	木ノ下 〃	4 39	5 39	6 39	7 38	8 39	9 40	10 39	11 39	0 38	1 39	2 39	3 39	4 39	5 29	6 36	7 39	8 39	9 39	10 36
71.2	2.00	伊那松島 〃	4 42	5 42	6 42	7 40	8 42	9 42	10 42	11 42	0 38	1 42	2 42	3 42	4 42	5 32	6 42	7 48	8 48	9 48	10 40
73.3	2.07	澤 〃	4 48	5 48	6 48	7 41	8 46	9 48	10 48	11 48	0 42	1 48	2 48	3 48	4 46	5 36	6 42	7 51	8 51	9 51	10 44
75.7	2.12	羽　場 〃	4 51	5 51	6 51	7 51	8 51	9 51	10 51	11 51	0 46	1 51	2 51	3 51	4 51	5 41	6 48	7 51	8 51	9 51	10 48
79.8	2.24	辰　野(省驛)著	5 00	6 00	7 00	8 00	9 00	10 00	11 00	0 00	0 54	2 00	3 00	4 00	5 00	5 49	6 54	8 00	9 00	10 00	10 52

上表ノ外天龍峽發

飯田行 6 57, 7 55, 8 55, 10 55, 0 55, 2 55,

4 55, 6 55, 11 19,

伊那町行 9 22

伊那大島行 10 22　ノモノ運轉

驛名	108	112	116	120	124	128	132		
吉　田 發	6 11	3 11	10 11	0 11	2 11	4 11	6 11	…	…
天　龍　峽 發	9 55	11 55	1 55	3 55	5 55	7 55	9 55	…	…
伊那川路 〃	9 59	11 59	1 59	3 59	5 59	7 59	9 59		
時　又 〃	10 03	0 03	2 03	4 03	6 03	8 03	10 03		
駄　科 〃	10 07	0 07	2 07	4 07	6 07	8 07	10 07		
伊那八幡 〃	10 12	0 12	2 12	4 12	6 12	8 12	10 12		
鼎 〃	10 17	0 17	2 17	4 17	6 17	8 17	10 17		
飯　田 著	10 24	0 24	2 24	4 24	6 24	8 24	10 24		

飯田線（豊橋〜飯田間）の時刻表（昭和30年5月）

30.5.1訂補　　　　　　　　　豊　橋 ── 飯　田

難読駅…出馬（いづんま）／白神（しらなみ）／大嵐（おおぞれ）／鶯巣（うぐす）／為栗（してぐり）／温田（ぬくた）／鼎（かなえ）

粁程	駅	127	129	211	213	215	217	219	221	223	225	227	229	531	535	537	539	541
行先		辰野	辰野	辰野	辰野	辰野	辰野	辰野	辰野	辰野	飯田	辰野	赤穂	佐久間	中部天竜	三河川合	三大河野	新城
0.0	豊橋 発	…	…	…	555	820	1015	1115	1230	1410	1615	1645	1755	1910	2025	2125	2210	2245
1.5	船町	…	…	…	レ	レ	レ	レ	レ	レ	レ	レ	レ	1913	2028	2128	2213	2248
2.2	下地	…	…	…	レ	レ	レ	レ	レ	レ	レ	レ	レ	1915	2030	2130	2215	2250
4.5	小坂井	…	…	…	602	827	レ	1122	1237	1417	レ	1653	1802	1919	2034	2134	2219	2254
6.6	牛久保	…	…	…	606	831	レ	1126	1241	1421	レ	1657	1806	1922	2038	2137	2222	2257
8.7	豊川	…	…	…	610	836	1026	1131	1248	1426	1626	1701	1810	1926	2042	2142	2227	2302
12.0	三河一宮	…	…	…	615	841	レ	1136	1254	1431	レ	1706	1815	1931	2047	2147	2232	2311
14.4	長山	…	…	…	619	850	レ	1140	1300	1435	レ	1710	1819	1935	2051	2151	2234	2315
15.4	江島	…	…	…	622	852	レ	1142	1302	1437	レ	1712	1821	1937	2053	2155	2238	2317
17.0	東上	…	…	…	625	855	レ	1145	1308	1443	レ	1715	1827	1940	2056	2156	2241	2320
19.7	野田城	…	…	…	629	859	レ	1149	1312	1447	レ	1719	1831	1944	2100	2200	2245	2324
21.6	新城	…	…	…	635	903	1042	1153	1316	1451	1642	1724	1837	1948	2105	2207	2252	2327
22.7	東新町	…	…	…	637	905	レ	1157	1318	1453	レ	1726	1840	1950	2107	2209	2255	…
23.8	茶臼山	…	…	…	639	908	レ	1159	1320	1455	レ	1728	1842	1953	2109	2211	2257	…
25.0	三河東郷	…	…	…	642	910	レ	1202	1323	1458	レ	1731	1845	1955	2111	2214	2300	…
27.9	大海	…	…	…	647	915	レ	1207	1328	1505	レ	1736	1849	2000	2121	2219	2304	…
29.3	鳥居	…	…	…	650	918	レ	1210	1331	1508	レ	1739	1853	2003	2125	2222	2308	…
30.9	長篠城	…	…	…	653	922	レ	1213	1334	1511	レ	1746	1856	2007	2128	2229	2311	…
32.2	本長篠	…	…	…	656	924	1057	1217	1344	1514	1658	1751	1900	2011	2132	2232	2314	…
35.6	三河大野	…	…	…	701	930	レ	1227	1349	1519	レ	1756	1905	2016	2137	2237	2319	…
38.1	湯谷	…	…	…	706	934	レ	1232	1354	1524	レ	1801	1910	2020	2142	2242	…	…
40.6	三河槇原	…	…	…	710	939	レ	1236	1358	1528	レ	1805	1914	2025	2146	2246	…	…
43.2	柿平	…	…	…	715	943	レ	1240	1402	1533	レ	1809	1919	2029	2150	2250	…	…
45.3	三河川合	…	…	…	722	952	レ	1245	1406	1541	レ	1817	1923	2034	2156	2254	…	…
50.5	池場	…	…	…	730	1000	レ	1253	1415	1549	レ	1825	1931	2042	2208	…	…	…
51.5	三河長岡	…	…	…	732	1002	レ	1255	1417	1556	レ	1827	1933	2044	2210	…	…	…
55.7	出馬	…	…	…	739	1009	レ	1302	1423	1602	レ	1834	1940	2051	2217	…	…	…
56.3	上市場	…	…	…	740	1010	レ	1303	1425	1604	レ	1835	1941	2052	2218	…	…	…
57.6	浦川	…	…	627	743	1013	1131	1308	1428	1606	1732	1838	1944	2058	2221	…	…	…
58.8	早瀬	…	…	629	745	1015	レ	1310	1430	1609	レ	1840	1946	2100	2223	…	…	…
60.2	下川合	…	…	632	748	1018	レ	1313	1433	1614	レ	1843	1949	2103	2226	…	…	…
62.7	中部天竜	…	…	636	754	1025	1140	1324	1441	1617	1741	1848	1954	2108	2230	…	…	…
63.5	佐久間	…	…	638	756	1027	レ	1326	1443	1619	レ	1851	1956	2109	…	…	…	…
66.5	豊根口	…	…	643	801	1032	レ	1331	1448	1624	レ	1856	2001	…	…	…	…	…
69.9	天竜山室	…	…	649	809	1038	レ	1338	1454	1630	レ	1902	2007	…	…	…	…	…
74.0	白神	…	…	656	815	1044	レ	1344	1500	1636	レ	1908	2014	…	…	…	…	…
76.8	大嵐	…	…	701	821	1050	レ	1351	1510	1642	レ	1914	2020	…	…	…	…	…
79.9	小和田	…	…	706	826	1101	レ	1356	1515	1647	レ	1919	2025	…	…	…	…	…
83.9	中井侍	…	…	713	833	1108	レ	1403	1526	1654	レ	1926	2032	…	…	…	…	…
86.2	伊那小沢	…	…	718	838	1112	レ	1407	1529	1702	レ	1932	2036	…	…	…	…	…
87.7	鶯巣	…	…	721	841	1115	レ	1410	1532	1705	レ	1935	2039	…	…	…	…	…
90.1	平岡	…	630	727	849	1129	1219	1415	1533	1718	1820	1950	2046	…	…	…	…	…
94.8	為栗	…	646	734	857	1156	レ	1422	1541	1725	レ	1957	2053	…	…	…	…	…
98.4	温田	…	652	740	902	1142	レ	1432	1546	1731	1833	2003	2059	…	…	…	…	…
100.4	田本	…	656	743	906	1145	レ	1435	1550	1734	レ	2006	2102	…	…	…	…	…
104.1	門島	…	704	749	912	1200	レ	1441	1556	1745	レ	2012	2108	…	…	辰野行 137	辰野行 141	…
107.8	唐笠	…	709	755	917	1205	レ	1447	1601	1755	レ	2018	2114	…	辰野行 135			…
109.8	金野	…	713	759	921	1209	レ	1451	1605	1755	レ	2022	2118	…				…
111.1	千代	…	716	802	924	1212	レ	1454	1608	1758	レ	2025	2121	…	135	137	141	…
112.4	天竜峡	628	723	809	929	1216	1252	1505	1549	1802	1852	2034	2134	…	1034	1330	1651	…
113.7	川路	631	726	812	932	1218	レ	1511	1611	1805	レ	2036	2136	…	1040	1333	1654	…
115.6	時又	634	730	815	935	1222	レ	1515	1621	1808	レ	2040	2140	…	1043	1336	1657	…
117.4	駄科	638	734	819	939	1226	レ	1519	1625	1812	レ	2044	2144	…	1047	1340	1701	…
118.9	毛賀	641	737	824	942	1228	レ	1522	1627	1814	レ	2046	2146	…	1050	1343	1704	…
120.0	伊那八幡	643	740	824	946	1231	レ	1526	1631	1820	レ	2049	2149	…	1052	1347	1708	…
121.1	下山村	646	743	827	948	1234	レ	1528	1633	1820	レ	2052	2152	…	1055	1349	1711	…
122.1	鼎	649	746	830	951	1236	レ	1531	1635	1822	レ	2054	2154	…	1058	1352	1714	…
124.1	切石	653	751	834	955	1240	レ	1536	1638	1826	レ	2058	2158	…	1102	1356	1719	…
125.6	飯田 着	657	755	838	959	1244	1310	1530	1614	1830	1914	2103	2202	…	1105	1400	1722	…
	終着			924	1011	1107	1234	1518	1453	1813	1912	2043	…	2326	2319	…	1356	1635	2019

上表の他
豊橋発　豊川行 755. 905. 1135. 1825. 2050. 新城行 1310. 1535. 1950. 本長篠行 725. 1035. 1710. 中部天竜行 620. 930. 佐久間行 1510. 三河大野行 655. 1855
天竜峡発　市田行 746. 飯田発市田行 1515
赤穂発　辰野行 1622
伊那市発　辰野行 1107

豊　橋 ── 西豊川				粁程					
発 豊橋 着	7 10	14 50	16 25	17 25	11.1	発 豊橋 着	8 13	15 39	17 15	18 17
着 西豊川 発	7 32	15 12	16 49	17 47		着 西豊川 発	7 50	15 16	16 53	17 55

1955（昭和30）年5月1日訂補の飯田線時刻表。豊橋〜辰野間を走破する快速列車が目を引く。沿線地域の拠点等、普通列車よりもかなり絞られた停車駅数は現在の特急「伊那路」さながらだ。また、頁下には1956（昭和31）年に廃止された豊川〜西豊川間2.4kmを結ぶ西豊川支線の時刻が掲載されている。本路線は豊川鉄道が豊川市内に建設された、旧日本海軍豊川海軍工廠への物資輸送等を目的として開業した路線。飯田線の国有化後は国鉄が継承した。

㊢ （飯 田 線）　　　　　　　　　　　　　上り　飯田線（飯田—豊橋）

粁程 辰野より	駅名	122	124	516	520	524	212	214	216	218	222	220	224	226	228	230	136	140	142
始発		辰野	辰野	三川河合	中部天竜	佐久間	飯田	赤穂	辰野	辰野	辰野	辰野	辰野	辰野	辰野	辰野	辰野	辰野	辰野
始発		519	556	…	…	…	533	458	420	719	9 50	846	1118	1320	1500	1546	1705	1846	1950
66.7	飯田 発	758	821	…	…	…	533	612	700	933	11 26	1136	1334	1538	1730	1834	1945	2105	2210
68.2	切石	802	825	…	…	…	↓	616	704	937	↓	1140	1338	1542	1734	1838	1949	2109	2214
70.2	鼎	808	832	…	…	…	539	620	707	940	↓	1144	1341	1545	1738	1842	1952	2112	2217
71.2	下山村	810	834	…	…	…	↓	622	710	943	↓	1147	1344	1548	1741	1844	1955	2115	2220
72.3	伊那八幡	813	837	…	…	…	545	625	712	945	↓	1150	1346	1550	1744	1847	1957	2117	2222
73.4	毛賀	815	839	…	…	…	↓	627	715	948	↓	1153	1349	1553	1747	1849	2000	2120	2225
74.9	駄科	820	842	…	…	…	550	630	718	951	↓	1158	1352	1556	1753	1859	2006	2123	2231
76.7	時又	823	846	…	…	…	553	637	721	954	↓	1202	1355	1559	1757	1902	2010	2130	2235
78.6	川路	827	849	…	…	…	557	640	727	958	↓	1205	1359	1606	1802	1906	↓	2130	2235
79.9	天竜峡	829	852	…	…	…	604	648	732	1004	11 47	1219	1406	1613	1805	1911	2012	2137	2237
81.2	千代	…	…	…	…	…	↓	651	735	1007	↓	1222	1409	1616	1808	1914	…	2140	…
82.5	金野	…	…	…	…	…	↓	654	737	1009	↓	1224	1411	1618	1810	1917	…	2142	…
84.7	唐笠	…	…	…	…	…	617	658	741	1013	↓	1228	1415	1622	1814	1921	…	2146	…
88.2	門島	…	…	…	…	…	↓	704	753	1019	↓	1241	1421	1628	1820	1927	…	2152	…
91.9	田本	…	…	…	…	…	625	709	759	1028	↓	1246	1427	1637	1826	1932	…	2158	…
93.9	温田	…	…	…	…	…	↓	712	804	1034	↓	1250	1430	1643	1834	1936	…	2201	…
97.5	為栗	…	…	…	…	…	↓	719	810	↓	↓	1256	1436	1648	1839	1942	…	2207	…
102.2	平岡	…	…	…	…	…	638	728	824	1043	12 19	1303	1447	1651	1857	1957	…	2214	…
104.5	鶯巣	…	…	…	…	…	↓	731	828	1047	↓	1307	1450	1655	1900	2001	…	…	…
106.1	伊那小沢	…	…	…	…	…	644	735	837	1050	↓	1310	1454	1658	1908	2004	…	…	…
108.4	中井侍	…	…	…	…	…	↓	738	840	1054	↓	1314	1457	1702	1911	2008	…	…	…
112.4	小和田	…	…	…	…	…	654	745	847	1100	↓	1320	1504	1708	1922	2014	…	…	…
115.5	大嵐	…	…	…	…	…	703	756	852	1106	↓	1326	1509	1714	1927	2020	…	…	…
118.3	白神	…	…	…	…	…	↓	800	857	1110	↓	1330	1514	1718	1932	2024	…	…	…
122.4	天竜山室	…	…	…	…	…	713	807	904	1117	↓	1337	1521	1725	1938	2031	…	…	…
125.8	豊根口	…	…	…	…	…	↓	813	909	1123	↓	1343	1526	1731	1944	2037	…	…	…
128.8	佐久間	…	…	…	…	633	723	818	914	↓	12 59	1348	1534	1736	1949	2042	…	…	…
129.6	中部天竜	…	…	…	533	641	730	826	917	1139	↓	1354	1534	1746	1955	2047	…	…	…
132.1	下川合	…	…	…	537	645	735	830	922	1144	↓	1358	1539	1750	1959	2051	…	…	…
133.5	早瀬	…	…	…	540	648	↓	833	924	1146	↓	1401	1541	1753	2002	2054	…	…	…
134.7	浦川	…	…	…	542	650	744	835	927	1149	13 07	1405	1546	1755	2005	2056	…	…	…
136.0	上市場	…	…	…	545	653	↓	838	929	1151	↓	1408	1548	1758	2007	2059	…	…	…
136.6	出馬	…	…	…	547	655	↓	840	931	1153	↓	1410	1548	1800	2009	2101	…	…	…
140.8	三河長岡	…	…	…	553	701	754	846	938	1200	↓	1418	1555	1806	2022	2107	…	…	…
141.8	池場	…	…	…	556	704	↓	849	940	1202	↓	1420	1607	1809	2025	2110	…	…	…
146.8	三河川合	…	…	530	610	719	803	857	951	1210	↓	1428	1607	1816	2033	2119	…	…	…
149.1	柿平	…	…	↓	614	723	807	901	954	1214	↓	1432	1611	1820	2037	2123	…	…	…
151.7	三河槙原	…	…	537	618	727	811	905	959	1218	↓	1436	1615	1824	2041	2127	…	…	…
154.2	湯谷	…	514	542	622	731	815	909	1003	1222	↓	1440	1622	1829	2045	2132	…	…	…
156.7	三河大野	…	520	546	627	736	820	914	1008	1229	↓	1445	1624	1833	2050	2138	…	…	…
160.1	本長篠	…	526	552	636	746	826	925	1013	1236	13 41	1455	1630	1839	2056	2144	…	…	…
161.4	長篠城	…	529	555	639	749	↓	928	1016	1243	↓	1458	1633	1842	2059	2147	…	…	…
163.0	鳥居	…	532	558	642	752	↓	931	1019	1246	↓	1501	1640	1846	2102	2150	…	…	…
164.4	大海	…	535	603	648	755	↓	934	1022	1249	↓	1504	1640	1851	2106	2154	…	…	…
167.3	三河東郷	…	540	608	653	800	↓	939	1027	1254	↓	1509	1649	1856	2113	2159	…	…	…
168.5	茶臼山	…	542	610	655	802	↓	941	1029	1256	↓	1511	1651	1858	2115	2201	…	…	…
169.6	東新町	512	545	613	657	805	↓	944	1032	1301	↓	1514	1656	1901	2118	2203	…	…	…
170.7	新城	519	547	616	700	809	841	947	1045	1301	13 56	1516	1656	1903	2121	2206	…	…	…
172.6	野田城	522	551	619	703	815	↓	950	1048	1304	↓	1520	1659	1906	2124	2209	…	…	…
175.3	東上	526	554	626	707	818	↓	1001	1052	1308	↓	1523	1703	1912	2128	2213	…	…	…
176.9	江島	529	559	628	710	821	↓	1003	1054	1311	↓	1526	1706	1914	2130	2215	…	…	…
177.9	長山	531	603	631	712	823	↓	1006	1056	1313	↓	1528	1711	1917	2133	2218	…	…	…
180.3	三河一宮	534	603	634	719	827	↓	1009	1103	1317	↓	1532	1714	1920	2136	2221	…	…	…
183.6	豊川	539	608	642	725	833	857	1015	1108	1323	14 12	1537	1719	1925	2141	2230	…	…	…
185.7	牛久保	543	612	646	729	837	↓	1019	1112	1327	↓	1540	1726	1929	2145	2230	…	…	…
187.8	小坂井	546	616	650	733	841	↓	1022	1116	1331	↓	1544	1733	1933	2148	2234	…	…	…
190.1	下地	↓	620	654	737	845	↓	↓	↓	↓	↓	↓	↓	↓	↓	↓	…	…	…
190.8	船町	↓	622	656	739	847	↓	↓	↓	↓	↓	↓	↓	↓	↓	↓	…	…	…
192.3	豊橋 着	554	625	659	739	850	908	1029	1123	1337	14 23	1550	1733	1939	2155	2240	…	…	…

上表の他
	辰野発	伊那市行 752. 1016.　赤穂行 1735　　伊那松島発赤穂行1425
	市田発	飯田行 849.　　　天竜峡行 1537
	飯田発	天竜峡行 1604（市田始発1537）
	中部天竜発	豊橋行 555. 1633
	三河大野発	豊橋行 830. 1953
	新城発	豊橋行 638. 1404. 1619
	豊川発	豊橋行 815. 943. 1157. 1950. 2113
	本長篠発	豊橋行 1156. 1412. 1815

飯田線（飯田〜辰野間）の時刻表（昭和29年11月）

29.11.10 訂補　　　　　飯　田 ─ 辰　野

粁程 豊橋より	駅名 ＼ 列車番号	121	123	125	127	129	211	213	135	215	217	137	219	221	141	223	143	227	229
	始発駅	飯田	赤穂	飯田	天竜峡	平岡	浦川	豊橋	天竜峡	豊橋	豊橋	天竜峡	豊橋	豊橋	天竜峡	豊橋	飯田	豊橋	豊橋
	始発	…	…	…	628	639	627	5 55	1034	8 20	1015	1330	1115	1230	1651	1410	…	1645	1755
125.6	飯田 発	417	…	611	706	757	847	10 02	1130	12 45	1315	1404	1536	1650	1727	1835	1948	2110	2209
126.5	桜町 ク	419	…	613	708	800	849	10 05	1133	12 48	↓	1406	1538	1653	1729	1838	1950	2112	2211
127.4	伊那上郷 ク	421	…	615	710	802	851	10 07	1135	12 50	↓	1408	1540	1655	1731	1840	1952	2114	2213
130.2	元善光寺 ク	426	…	620	715	806	856	10 11	1141	12 54	↓	1413	1545	1700	1736	1844	1957	2119	2218
132.0	下市田 ク	429	…	623	718	810	859	10 15	1144	12 58	↓	1416	1548	1703	1739	1848	2000	2122	2221
133.2	市田 ク	433	…	626	721	812	902	10 17	1148	13 00	↓	1419	1551	1710	1747	1850	2003	2126	2224
135.9	下平 ク	437	…	630	725	816	906	10 21	1152	13 04	↓	1423	1555	1714	1751	1854	2007	2130	2228
136.9	山吹 ク	439	…	632	729	819	911	10 24	1155	13 08	↓	1427	1557	1717	1753	1857	2009	2133	2230
139.5	伊那大島 ク	445	…	640	734	824	917	10 29	1202	13 16	1335	1432	1602	1722	1802	1903	2015	2142	2236
143.3	上片桐 ク	452	…	647	741	831	924	10 38	1209	13 23	↓	1439	1609	1732	1809	1910	2026	2149	2243
144.7	伊那田島 ク	455	…	650	744	834	928	10 41	1212	13 26	↓	1442	1613	1735	1812	1913	2029	2152	2246
147.1	高遠原 ク	500	…	655	749	839	933	10 46	1217	13 31	↓	1447	1618	1740	1817	1918	2034	2157	2251
148.7	七久保 ク	504	…	700	753	847	936	10 57	1225	13 35	↓	1456	1621	1743	1821	1922	2038	2201	2255
151.5	伊那本郷 ク	508	…	705	757	851	941	11 01	1229	13 39	↓	1501	1625	1748	1825	1926	2042	2205	2259
154.3	飯島 ク	513	…	715	802	856	946	11 06	1234	13 44	↓	1507	1633	1753	1833	1931	2047	2210	2304
156.7	田切 ク	518	…	719	807	901	950	11 11	1238	13 49	↓	1511	1637	1757	1837	1936	2052	2215	2309
159.4	伊那福岡 ク	523	…	725	812	906	955	11 16	1243	13 54	↓	1516	1642	1803	1842	1941	2104	2220	2314
161.0	小町屋 ク	526	…	727	815	909	958	11 19	1246	13 57	↓	1519	1645	1805	1845	1944	2106	2223	2317
162.1	赤穂 ク	534	625	731	822	912	1004	11 23	1253	14 23	1410	1523	1704	1811	1856	1947	2113	2229	2319
163.6	大田切 ク	536	627	734	824	914	1006	11 25	1255	14 25	↓	1526	1706	1813	1858	1949	2115	2231	…
165.7	宮田 ク	542	632	738	828	918	1010	11 29	1259	14 29	↓	1530	1711	1817	1903	1953	2119	2238	…
166.9	赤木 ク	545	634	740	831	921	1013	11 32	1301	14 32	↓	1532	1714	1820	1905	1956	2122	2240	…
170.0	沢渡 ク	549	643	745	835	925	1022	11 36	1306	14 36	↓	1537	1719	1824	1910	2000	2126	2245	…
171.0	下島 ク	552	646	748	838	928	1024	11 39	1309	14 39	↓	1540	1722	1827	1913	2003	2129	2248	…
174.6	伊那市 ク	558	655	756	846	934	1034	11 55	1315	14 44	1427	1549	1730	1835	1930	2010	2135	2253	…
175.4	伊那北 ク	600	657	758	848	936	1036	11 58	1318	14 46	↓	1551	1736	1838	1933	2012	2137	2255	…
177.6	田畑 ク	604	701	802	852	940	1038	12 02	1322	14 50	↓	1555	1740	1842	1937	2016	2141	2259	…
179.7	北殿 ク	608	705	806	856	944	1042	12 05	1326	14 54	↓	1559	1744	1845	1942	2020	2145	2303	…
182.1	木ノ下 ク	612	709	810	900	948	1046	12 09	1330	14 58	↓	1603	1748	1849	1947	2024	2149	2307	…
183.6	伊那松島 ク	621	718	813	905	952	1050	12 15	1338	15 02	1440	1612	1756	1853	1957	2032	2153	2310	…
186.2	沢 ク	625	723	818	912	959	1054	12 22	1344	15 06	↓	1617	1800	1900	2003	2036	2159	2314	…
188.1	羽場 ク	629	729	821	916	1002	1058	12 25	1348	15 10	↓	1626	1804	1904	2011	2040	2202	2318	…
189.9	伊那新町 ク	632	732	825	919	1006	1101	12 29	1351	15 13	↓	1629	1807	1907	2014	2043	2206	2321	…
191.1	宮木 ク	634	734	827	921	1008	1104	12 31	1353	15 15	↓	1632	1810	1910	2016	2045	2208	2324	…
192.3	辰野 着	637	737	830	924	1011	1107	12 34	1356	15 18	1453	1635	1813	1912	2019	2048	2211	2326	…

1954（昭和29）年11月10日訂補の飯田線北部の時刻表。午前4時台から午後7時台まで、辰野を始発とする列車が1時間に概ね1往復の頻度で運転されていた。日中は主に辰野‐豊橋全区間を走る列車が運転され、所要時間は7時間前後におよんだ。飯田駅、辰野の欄には電報取り扱いのマークが記載され、主要駅が長旅の拠り所であった時代背景を窺わせる。飯田駅の欄には洗面所のマークもある。冷房がまだ普及していない頃故、ホームの水道は汽車旅に欠かせない施設であった。

電車区に憩うモハ52004。雨樋が同形式の1次車等よりも屋根の上部に引き通され、車体全体に流線形車両らしい一体感がある。快速専用色から湘南色へと移行した塗装は、ブドウ色の旧型国電がひしめいていた駅や車両基地で一際目立つ存在だった。前照灯は普通の仕様に換装されていた。
◎豊橋
1959（昭和34）年7月5日
撮影：野口昭雄

（飯田線）　電

料程	駅名	豊橋 214	豊橋 216	天竜峡 122	天竜峡 124	豊橋 218	豊橋 220	豊橋 222	豊橋 224	飯田 132	豊橋 226	豊橋 228	豊橋 230	飯田 232	天竜峡 136	平岡 140	天竜峡 142	飯田 144	赤穂 146
0.0	⊖辰野発	…	420	519	556	719	846	950	1118	1208	1320	1500	1546	1620	1705	1846	1950	2146	2237
1.2	宮木	…	423	522	559	722	849	レ	1121	1211	1323	1503	1549	レ	1708	1849	1953	2149	2240
2.4	伊那新町	…	425	524	602	724	851	レ	1123	1214	1325	1505	1552	レ	1710	1852	1955	2151	2242
4.2	羽場	…	429	528	606	728	855	レ	1127	1217	1329	1512	1555	レ	1714	1855	1959	2155	2246
6.1	沢	…	433	531	609	731	858	レ	1130	1220	1332	1515	1558	レ	1717	1858	2002	2158	2249
8.7	伊那松島	…	444	540	615	736	910	1002	1136	1225	1337	1530	1607	1632	1721	1903	2010	2202	2256
10.2	木ノ下	…	447	543	618	739	913	レ	1139	1228	1340	1533	1610	レ	1724	1906	2014	2205	2259
12.6	北殿	…	450	546	622	742	921	レ	1143	1231	1343	1536	1613	レ	1728	1910	2021	2209	2304
14.7	田畑	…	454	550	626	746	925	レ	1147	1235	1347	1540	1617	レ	1732	1914	2024	2213	2307
16.9	伊那北	…	458	554	629	752	929	レ	1150	1239	1351	1544	1621	レ	1735	1917	2028	2216	2311
17.7	伊那市	…	503	559	632	757	936	1014	1154	1242	1356	1547	1625	1645	1741	1920	2031	2221	2315
21.3	下島	…	508	605	637	802	942	レ	1159	1247	1401	1552	1631	レ	1746	1926	2036	2227	2320
22.3	沢渡	…	511	607	640	805	944	レ	1202	1250	1404	1555	1637	レ	1749	1928	2039	2229	2323
25.4	赤木	…	516	612	645	810	949	レ	1207	1255	1409	1600	1642	レ	1754	1933	2044	2234	2328
26.6	宮田	…	519	615	648	813	952	レ	1210	1300	1415	1603	1645	レ	1757	1936	2047	2237	2331
28.7	大田切	…	523	619	652	817	956	レ	1214	1304	1419	1607	1649	レ	1801	1940	2051	2241	2335
30.2	赤穂	458	530	630	700	821	1001	1033	1218	1308	1424	1614	1712	1705	1815	1948	2058	2245	2338
31.3	小町屋	レ	532	632	702	824	1004	レ	1220	1310	1426	1616	1715	レ	1818	1950	2100	2247	…
32.9	伊那福岡	502	535	635	705	826	1006	レ	1223	1313	1429	1619	1718	レ	1822	1953	2103	2250	
35.6	田切	レ	540	641	710	831	1011	レ	1228	1318	1434	1624	1724	レ	1827	1958	2108	2255	
38.0	飯島	514	545	646	716	836	1016	レ	1232	1322	1441	1631	1729	レ	1832	2004	2112	2305	
40.8	伊那本郷	520	550	652	722	841	1021	レ	1238	1328	1447	1636	1735	レ	1837	2010	2118	2310	
43.6	七久保	525	555	701	727	848	1027	レ	1243	1354	1452	1642	1744	レ	1843	2015	2123	2315	左
45.2	高遠原	レ	558	703	730	850	1029	レ	1246	1358	1455	1645	1747	レ	1845	2018	2126	2318	40
47.6	伊那田島	レ	603	708	734	855	1034	レ	1250	1404	1459	1649	1751	レ	1850	2022	2130	2323	・
49.0	上片桐	534	605	715	742	858	1037	レ	1253	1411	1502	1652	1754	レ	1854	2025	2133	2325	41
52.8	伊那大島	541	614	722	748	905	1044	1105	1303	1420	1508	1658	1801	1738	1907	2036	2139	2332	頁
55.4	山吹	545	618	728	752	909	1048	レ	1307	1426	1513	1703	1805	レ	1911	2040	2144	2336	の
56.4	下平	レ	621	730	755	912	1051	レ	1310	1428	1515	1705	1809	レ	1914	2043	2146	2339	他
59.1	市田	551	628	735	759	916	1055	レ	1315	1433	1519	1709	1812	レ	1918	2047	2150	2343	記
60.3	下市田		631	738	801	918	1057		1317	1435	1522	1712	1814		1920	2049	2153	2345	区
62.1	元善光寺	556	637	741	807	921	1100		1323	1438	1525	1715	1817		1923	2052	2156	2348	間
64.9	伊那上郷		643	747	812	927	1106		1328	1444	1531	1720	1823		1929	2058	2202	2354	列
65.8	桜町		646	750	815	929	1108		1331	1446	1533	1723	1825		1931	2100	2204	2356	車
66.7	⊖飯田着	605	647	752	816	931	1110		1332	1448	1535	1725	1827	1756	1933	2102	2206	2358	参照
終着		1029	1123	829	852	1337	1600	1423	1733	…	1939	2155	2240	…	2012	2214	2237	…	…

晩年の流電は飯田線委所属した他の旧型国電と同様、窓周りをクリーム色。その上下部分を青色に塗った通称「スカ色」の装いになった。客室窓が広いモハ52004は1937（昭和12）年3月15日に竣工した2次編成のうちの1両である。次位には同車と対照的に、客室扉の間に狭窓が並ぶ電車が連結されていた。
◎豊川
1975（昭和50）年9月
撮影：野口昭雄

飯田線の沿線地図

豊橋付近

建設省地理調査所「1/25000地形図」

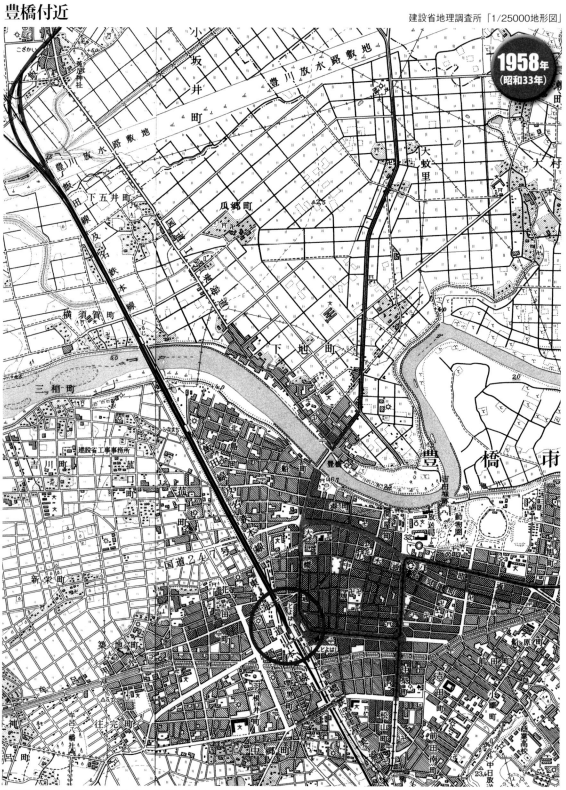

1958年
（昭和33年）

飯田線と名古屋鉄道名古屋本線の共用区間になっている名鉄平井信号場～豊橋間。現名古屋鉄道の前身となった会社の一つである愛知電気鉄道が豊橋乗り入れを計画した際、途中の豊川へ架橋することを避け、すでに同区間で鉄道を開業していた豊川鉄道へ路線の共用を申し入れ1927（昭和2）年に実現した。分岐点である平井信号場にはかつて、国鉄の信号場も置かれていた。しかし、1963（昭和38）年に小坂井駅構内の一部となって廃止された。

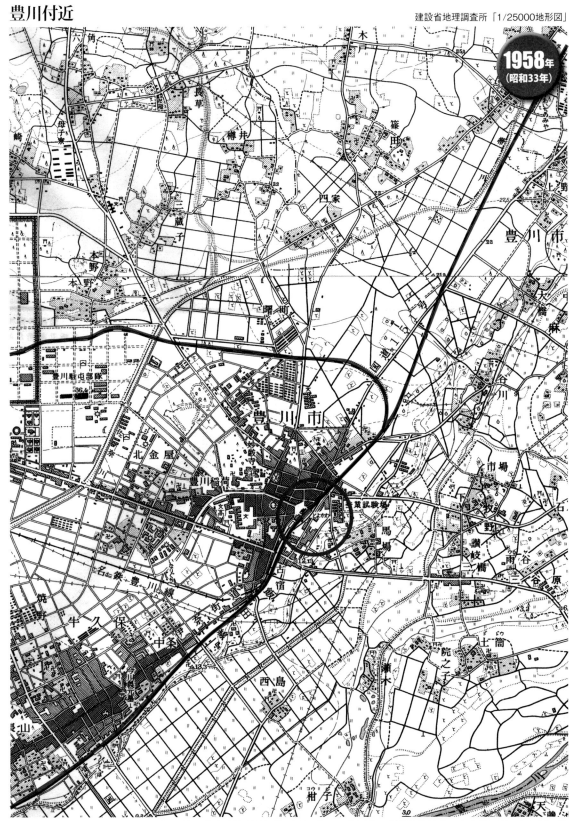

1958年（昭和33年）

日本三大稲荷の一つに数えられ、飯田線と名古屋鉄道豊川線が乗り入れる豊川市。稲荷神社境内の南東側に置かれた飯田線の駅からは、飯田線が東上方へ線路を延ばして程なく、大きな曲線を描いて西側へ向かう単線の線路が分かれる。全長約3kmにおよぶ線路は日本車輌製造豊川製作所の専用線。同工場で製造した車両の搬出等を行う施設である。線路の一部は元飯田線豊川支線であり、同路線の廃止後は、国鉄浜松工場豊川分工場の引き込み線として使用された。

飯田付近

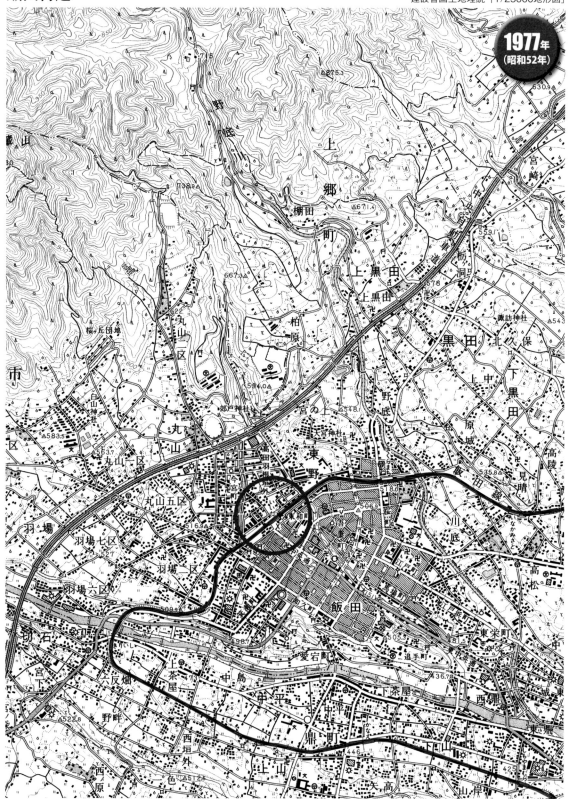

1977年
(昭和52年)

飯田市内で飯田線は市街地の周りをなぞるような線形をかたちづくる。大周りに見えるオメガカーブは、天竜川から西側の山系に向かって続く段丘の中で、鉄道が優に通過できる緩い勾配を確保している。カーブの両端近くにある桜町と鼎(かなえ)の駅間距離は4.4km。電車は通常10分余りで走るが、途中の飯田駅で乗り継ぎを要する便や、10分以上停まる便がいくつかある。それに対して両駅間を道路で結ぶとその距離は2.26kmだ。

駒ヶ根付近

建設省国土地理院「1/25000地形図」

1977年
（昭和52年）

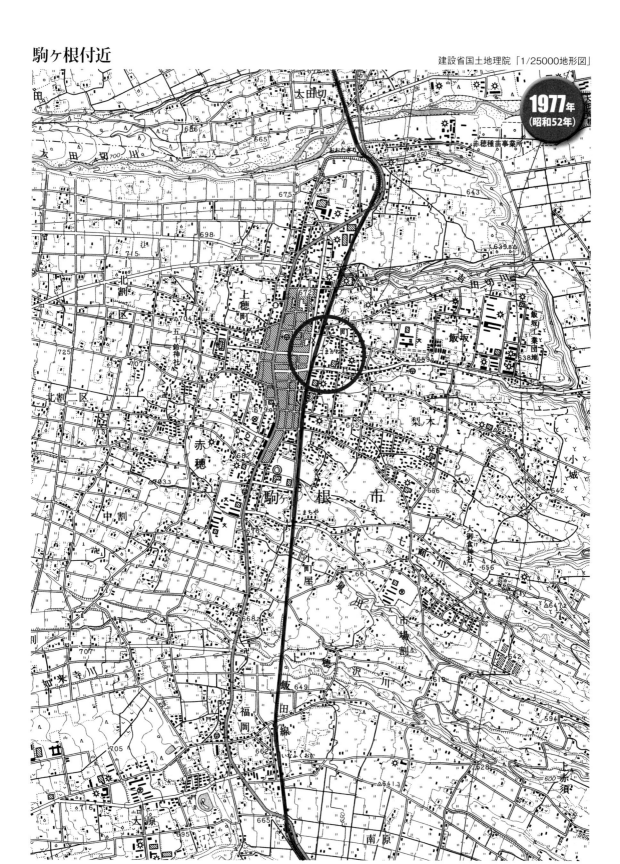

1954（昭和29）年に2町2村が合併して発足した駒ヶ根市。現在は市内に伊那福岡、小町屋、駒ヶ根、大田切の4駅がある。市街地の東側にある駒ヶ根駅は市内における中核施設の一つ。駅の北側に建つバスターミナルには、中央高速道路を走る高速バスが乗り入れる。また、市の北端部である大田切駅付近までは沿線を工場や国道が取り巻く。大田切を過ぎると風景は一変し、大田切川を渡る電車の車窓から、木曽山脈の山並みを望むことができる。

伊那市付近

1977年
（昭和52年）

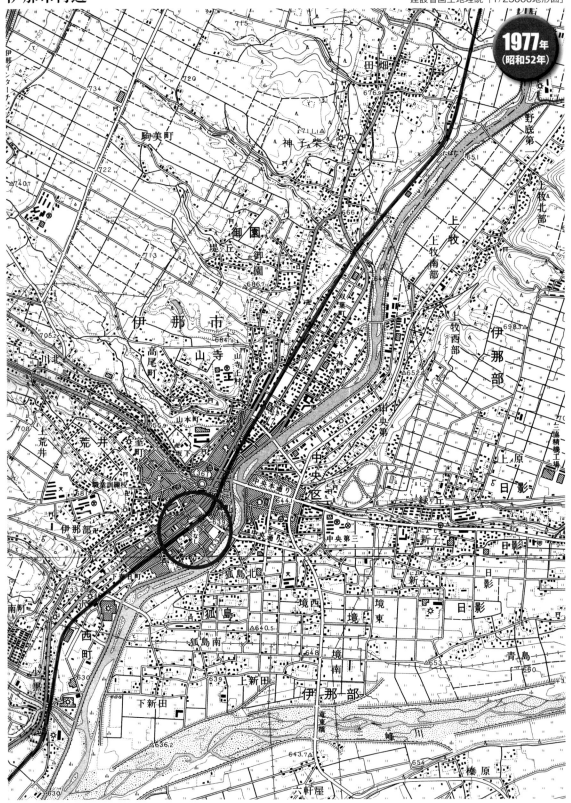

伊那谷を縦断する天竜川の右岸に栄えた伊那市。現在、市内にある飯田線の駅は辰野方より伊那北、伊那市、下島、沢渡、赤木の5つだ。これらのうち、市街地にある伊那市は地域の拠点駅である。当駅は隣の伊那北と僅か0.9kmの駅間距離で線路は家屋が建て込んだ街中を通る。また、伊那市は木材の集積地としての役割も担っていた。現在の市内域には、かつて浦森林鉄道や黒河内森林鉄道等の森林鉄道路線があった。

辰野付近

建設省国土地理院「1/25000地形図」

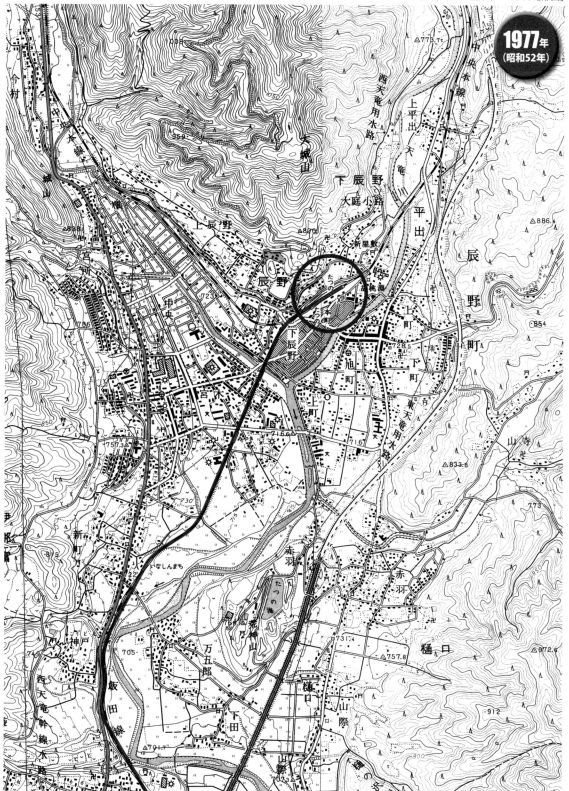

1977年
（昭和52年）

諏訪湖を源とする天竜川と、木曽山脈に属する経ヶ岳（2,296m）から流れ出る横川川の合流点に形成された辰野町。蛍が舞う山里に鉄道が到来したのは1906（明治39）年6月1日。官設鉄道が現在の中央本線に相当する岡谷〜塩尻間を開業し、途中に辰野、小野両駅が開設された。当地域で飯田線の祖となる伊那電車軌道が辰野〜松島（現・伊那松島）間を開業したのは、辰野駅開業より3年余を経た1909（明治42）年12月28日だった。

まえがき

　昭和初期には関東、関西圏の都市部で活躍した電車が一堂に介し、電車愛好家にとって極めて興味深い路線であった飯田線。4つの地方私鉄を国有化して誕生した195.7kmにおよぶ長大路線では、各社の創業期から活躍した社型電車が新生国鉄路線の黎明期を支えた。また、昭和20年代末期から転入した国電の中にも転入後もなお主力車両としての輝きを堅持しているものが少なくなかった。

　流電クモハ52やクモハ53。元舶来電機のED18、ED19等は、その個性的な姿と誕生の経緯から、各車両の全盛期を知らない若い趣味人の心をも鷲掴みにした。それらが走行する沿線は冠雪した中央、南アルプスの秀峰を望む伊那谷。蛇行する大河の流れを遡る天竜川界隈。そして、のどかな里山風景が車窓を飾る三河地方とスカ色に塗られた電車が一層映える、変化に富んだ美しい景色に恵まれていた。その道程には、ダム建設の中で出現した長大な大原トンネルや、城西〜向市場間に架かる「渡らずの橋」等、厳しい自然を克服すべく生まれた鉄道施設も点在する。

　かつては国電区間で俊足を飛ばした快速電車が、山河に彩られた地方路線を走る姿は、人の一生にも似た憂いをはらんでいた。本書では旧型国電末期の様子を中心に、日本の中部を縦貫する長大地方路線の魅力を堪能していただきたい。

2022年秋　牧野和人

線路沿いに大型の貯水槽が並ぶ。両岸に切り立った稜線が迫る天竜川の中流域に造られた泰阜（やすおか）水力発電所。鉄路の唐笠方に天竜川を堰き止めて造った泰阜ダムがあり、発電所へ給水している。同施設は1936（昭和11）年に竣工した。またダムの完成で天竜峡地域における筏下り、水運業は終焉を迎えた。
◎門島〜唐笠　1985（昭和60）年10月6日　撮影：安田就視

1章

カラーフィルムで記録された
飯田線

昭和初期に横須賀線用として製造された32系電車。本系列の電動制御車であったモハ32形は、1953（昭和28）年に施行された車両称号規程改定でクロスシート車のモハ62形と統合されてモハ14になり、後にクモハ14と再改定された。飯田線時代の塗装は従来のブドウ色を踏襲。車体に規則正しく並ぶリベットが厳めしい。
◎豊橋　1955（昭和30）年5月6日　撮影：荻原二郎

行先表示板には発車時刻が記載されていた。人影のない1番ホームに停まる流電は人待ち顔の様子。夕刻を迎えようとしていたホームでは、赤く浮かび上がったテールライトが寂し気に映った。折り返し駅である新城からは、通勤通学の帰宅客を満載してくるのだろうか。名鉄電車から降りてくる人波で溢れている、隣の2、3番ホームとは対照的な眺めだった。
◎豊橋　1975（昭和50）年9月8日　撮影：荒川好夫（RGG）

荷物をホームへ搬入搬出するテルハが頭上を跨ぐ豊橋駅の飯田線ホーム。車体塗装をスカ色で統一した旧型電車が水窪行きとして1番線に停車していた。編成の後端に連結された荷物電車クモニ81の側にはたくさんの小荷物が荷台車の上に積まれている。前面に警戒塗装を施した黄色い車両は、ホーム上で用いられる荷物運搬機だ。
◎豊橋　1978（昭和53）年9月22日　撮影：荻原二郎

駅ビルに隣接した豊橋の飯田線用ホームで発車を待つ119系。線路の間に列車先頭部の停止位置を示す札が立つ。定期では終点とする列車が設定されていない「大海」の行先表示を掲出していた。豊橋口は飯田線の中で最も運転頻度が高い区間である。豊川、本長篠行きの列車が、一時間に3〜4本程度発着する。◎豊橋　1990（平成2）年7月14日　撮影：安田就視

飯田線で運転する車両が並んだ豊橋機関区。伊那電気鉄道、三信鉄道、鳳来寺鉄道、豊川鉄道が国有化されて飯田線が誕生した際、それまでの社形車両を総括する車両基地として開設された。昭和50年代の始め。ブドウ色や湘南色で転入して来た電車の多くはスカ色に塗装変更され、構内は形態は異なるものの同じ色調の車両で埋まった。
◎豊橋機関区　1977（昭和52）年２月11日　撮影：小野純一（RGG）

流電クモハ52形。3番車は1937（昭和
12）年に竣工した第2次車編成2本のう
ちの1両だ。外観上は車体側面に幅1,100
mmの広窓を採用したところが、狭窓を連
ねた第1次車と大きく異なる。また、第
1次車の屋根部分に設置されたルーバー
は廃止された。当初、ガーランド形だっ
た屋上のベンチレーターは、グローブ形
に換装された。
◎小坂井〜下地
1978（昭和53）年9月22日
撮影：安田就視

車体側面に狭窓が並ぶ両運転台電車はク
モハ42形。第二次世界大戦前に関西急電
で活躍した後、横須賀線、伊東線等での
運用を経て飯田線に転属した。前部の屋
根上に載った大型の集電装置が、ウィン
ドウシル・ヘッダーを巻いて重厚な雰囲
気を醸し出す車両を、より精悍に見せて
いた。
◎小坂井〜下地
1978（昭和53）年9月
撮影：安田就視

EF10形とED62形の重連が、短い貨物列車を率いて走る。EF10形のうち、昭和初期に製造された第1次車16両は、同時期に製造された旅客用機関車EF53形と同様な車体を備えていた。車体に補強材を巻き、窓周り等の各部に曲線を多用した意匠は、舶来の古典機を彷彿とさせる。写真の14号機は最後まで活躍した第1次形だった。
◎小坂井〜下地
1978（昭和53）年9月22日
撮影：安田就視

鉄筋コンクリート造りの建物だった豊川駅舎。端部の大きな曲面が個性的だ。出入り口付近には切り抜き文字の「国鉄」が掲げられていた。また「豊橋まで15分」と利便性を強調した広告もあった。1995年まで供与され、次世代の仮駅舎へ駅機能を譲る際にはお別れ式典が催された。◎豊川　1981（昭和56）年12月19日　撮影：安田就視

豊橋〜豊川間の列車増発へ、車両の増備を行わずに対応する目的で、3両編成からクモハ119形を1両切り離して単行運転に対応するよう、両運転台化改造を施工した。9両が改造され100番代に区分変更された。なお車両番号は新旧で合致していない。◎小坂井〜牛久保　1988（昭和63）年3月21日　撮影：高木英二（RGG）

本長篠は区間列車の一部が始発終点とする、飯田線南部の拠点駅の一つだ。駅の周辺は旧鳳来町の中心部である。北風が吹き抜ける構内で、天竜峡行きと豊橋行きの普通列車同士が交換した。車両はいずれも119系で、車体はクリーム色の地に湘南色を表した帯を巻いていた。◎本長篠　1999（平成11）年2月10日　撮影：安田就視

集落の南側を伊那街道（国道151号線）が横切る豊川市東上町にある東上駅。明治時代に豊川鉄道の駅として開業した。構内は急曲線を描く線形で、ホームの先端部には職員用の渡り板が敷かれていた。旧型国電が健在だった時代には、上りホームの中程に木造駅舎が建っていた。駅は飯田線南部に列車集中制御装置（CTC）が導入された1984（昭和59）年に無人化された。
◎東上
1977（昭和52）年2月
撮影：小野純一（RGG）

間もなく上下列車がやって来る夏休みのホームはにわかに活気づいた。ホームの向こうには当駅止まりの電車が留め置かれていた。本長篠は大正時代に開業した元鳳来寺鉄道の駅で国鉄路線の他、豊橋鉄道田口線が1968（昭和43）年まで乗り入れていた。田口線は1929年（昭和4）年に田口鉄道が鳳来寺口（後の本長篠）～三河海老間に開業した路線だった。
◎本長篠
1982（昭和57）年8月1日
撮影：安田就視

東栄駅の出馬（いずんま）方で沿線は山深い雰囲気を増す。谷底を流れる清流は相川。線路は整然と並び立つ木立の間を縫って続き、車内にいながらつかの間の森林浴を楽しむことができる。途中にはいくつかのトンネルが控えるものの、電車であれば窓を開けても煙に燻されることはない。緑の中に湘南色の電車が浮き上がった。
◎東栄〜出馬　1982（昭和57）年4月29日　撮影：森嶋孝司（RGG）

宇連川と絡みながら、山深い渓谷に向かって線路は続く。プレートガーターの低い鉄橋を渡るのはクハ68形。昭和10年代に製造された51系電車の三等制御車だ。新製時には客室扉を軽合金製とした車両があったが、資材として戦時供出され、木製のものに取り替えられ、後にプレスドアとなった。◎湯谷〜三河槙原　1975（昭和50）年6月30日　撮影：安田就視

天竜川に造成された佐久間ダムの畔近くに設置された中部天竜駅。山塊を掘り進むように延びる飯田線の中部に位置する。当駅を南北方向へ向かう列車の一部が、始発終点としており運用の拠点となっている。特急を含む全ての定期列車が停車する。特急「伊那路」は1996（平成8）年よりそれまでの臨時急行「伊那路」を格上げする形で運転を開始した。
◎中部天竜　1999（平成11）年2月10日　撮影：安田就視

佐久間ダムの建設に伴い、1955（昭和30）年に現在の場所へ移設された大嵐駅。構内の両側に長大トンネルが口を開ける。
ホームの水窪方は大原トンネル至近まで延び、分岐器は暗闇の中にある。トンネルの上部には名称を記した銘板が掲げられ
ていた。豊川〜元善光寺間の貨物列車は、JR東海が発足した1987（昭和62）年4月1日に廃止された。
◎大嵐　1982（昭和57）年4月29日　撮影：荒川好夫（RGG）

飯田線の中部は天竜川の急峻な谷間を辿る路。中井侍駅より九十九折れの急坂を上った、山道沿いに民家が点在する。駅は
三信鉄道が満島（現・平岡）～小和田間を延伸開業した1936（昭和11）年に停留場として開業。三信鉄道等が国有化され、飯
田線が成立した1943（昭和18）年に駅へ昇格し、同時に開業当初からの読みであった「なかいざむらい」を「なかいさむらい」
と改めた。◎中井侍　1970年代後半　撮影：小野純一（RGG）

水面に山容を映し出し、悠々たるヒスイ色の流れを湛える天竜川中流域の左岸に置かれた唐笠駅。現在の飯田線で三河川合
〜天竜峡間を建設した三信鉄道が、1932（昭和７）年に門島〜天竜峡間を開業した際に停留場として開業した。駅の近くに
天竜峡下りの舟が利用する船着き場があり、行楽の時期には駅も観光客で賑わう。
◎唐笠　1985（昭和60）年　撮影：安田就視

かつてはファンの間で電車の博物館と称された飯田線。昭和末期に旧型国電が一掃されて以来、定期列車は119系等の数形式で運転され、趣味上での面白味は希薄になった。今日は年に数回入線する検測車両が、いつもの電車風景に彩りを添えた。JR東海の発足から10年余りを経た1997（平成9）年に製造された気動車キヤ95系だ。
◎天竜峡　1999（平成11）年2月10日　撮影：安田就視

飯田線が伊那谷から天竜川沿いの山深い渓谷に入る境に位置する天竜峡駅。路線の南北両方向へ向かって、当駅で折り返す列車が多数設定されている。2面3線あるのりばホームの他、飯田方に留置線を備える。次の運用まで、しばし足を休める119系が留め置かれた構内に特急「伊那路」が入って来た。
◎天竜峡
1982（昭和57）年8月1日
撮影：安田就視

傾斜の強い屋根が個性的な洋館風の駅舎が建つ天竜峡駅。駅の至近を天竜川が流れ、岸辺を秀麗な岩肌が飾る景勝地天竜峡がある。周辺には公園や遊歩道が整備され、四季を通じて美しい景色を楽しむことができる行楽地になっている。駅舎は1990（平成2）年に出入口付近の上屋等、一部が改装された。◎天竜峡　1992（平成4）年2月10日　撮影：安田就視

２両編成の電車は天竜峡行きの区間列車。119系は旧国鉄からJR東海に継承された後、クリーム10号の地にかつての湘南電車を彷彿とさせる、緑とオレンジ色の帯を巻いた車体塗装に変更された。また、冷房機器の搭載や水回り施設の改装等が実施され、登場時よりもさらに長距離運用に適した仕様となった。
◎毛賀～駄科　1998（平成10）年12月3日
撮影：安田就視

梅雨の晴れ間が広がった伊那谷。山手には積雲が湧き出し、湿った空気が周囲の眺めを霞んだように見せる。それでも先月に植えられた水稲は圃場を緑色に染め、線路端に咲くヒメジオンが季節を謳う。肌にまとわり付くような蒸し暑い空気を吹き飛ばすかのように、２両編成の荷物電車が軽快に走り抜けて行った。
◎下村山～伊那八幡　1975（昭和50）年6月29日
撮影：安田就視

飯田市内を流れる松川の畔近くに設置された切石駅。半経160mの急曲線中にある駅は、ホーム１面１線の棒線構造。列車が停車した際には車両とホームの間に隙間ができ、車掌は乗降客に乗り降りの際、注意を促すこともしばしばである。ホームを鏡に変貌させる雨が降る中、荷物合造電車を先頭にした普通列車が入って来た。
◎切石　1982（昭和57）年8月1日　撮影：安田就視

菜の花が咲き誇る春の伊那谷を駆けるのは、クハ68形とクモハ43形で組成された軽快な2両編成。いずれも第二次世界大戦前に製造された狭窓車だが、3扉で戸袋部分の窓がHゴム支持化されているクハ68形に比べ、2扉の間に同じ形状の窓が並ぶクモハ43形は、関西地区で高速運転を行っていた頃の貫禄を飯田線に転じてからもまとっているかのようだった。
◎市田〜下市田　1980（昭和55）年5月1日　撮影：安田就視

中央本線に急行が数多く運転されていた時代。定期列車として飯田線に運転されていた急行「こまがね」は新宿〜辰野間を急行「アルプス」と併結していた。また「アルプス」の臨時便には、列車名を変えずに付属編成が飯田線へ乗り入れるものがあった。大型の前照灯を装備したクハ165が4両編成の先頭に立つ。◎伊那大島　1972（昭和47）年6月5日　撮影：荻原二郎

七久保駅から集落を駒ヶ根方へ進むと、家並が途切れた先に水田が広がっていた。線路は広く区画整理された圃場の中を低い築堤で横切る。西側には中央アルプスの山並みが、伊那谷を見下ろすかのようにそびえていた。高山の麗姿を愛でつつ、あぜ道で列車を待っていると配属されて間もない119系が、鮮やかな空色の車体を揺らしながらやって来た。飯田線の車両が本格的に近代化へ向かい始めた頃の一コマ。◎七久保～伊那本郷　1983（昭和58）年5月23日　撮影：安田就視

車窓に谷間の集落を見て進む旧型国電の4両編成。先頭には荷物郵便合造車のクモハユニ64が立つ。同車は岡山地区で活躍した後、車両基地内での車両牽引等用として静岡地区へ転属。昭和50年代の中頃に伊那松島機関区へやって来た。しばらくブドウ色の車体塗装で運用に就いたが、後に他の旅客用電車と同様のスカ色に塗装変更された。
◎飯島〜伊那本郷　1980（昭和55）年5月2日　撮影：安田就視

中央アルプスから湧き出した雪解け水が伊那谷を縦断する大河、天竜川に注ぐ与田切川をとうとうと流れ春の到来を謳う。背景には越百山（こすもやま　2,614ｍ）、奥念丈岳（2,303ｍ）等の秀峰が稜線を飾る。雄大な眺めの中を、スカ色塗装の旧型電車が横切って行った。編成の中間に半流系のクモハ53形が入っていた。
◎飯島〜伊那本郷
1980（昭和55）年５月１日
撮影：安田就視

３両編成で運転する119系。列車の先頭には両端に運転台を備える100番代車を連結していた。クモハ119形の両運転台化改造は、旧国鉄の民営化から程なくして９両に施工された。改造は豊橋口の区間列車増発に対応することが目的だった。しかし運用の都合等から、両運転台車が北部で見られることもままあった。
◎飯島〜伊那本郷
1998（平成10）年12月３日
撮影：安田就視

急行「伊那1号」が与田切川を渡るのはお昼時。車内では駅弁に舌鼓を打つ旅人が、車窓を流れる絶景に目を吸い寄せられているのかも知れない。橋の上から中央アルプスの山容を望むことができる時間は思いのほか短く、対岸へ渡った列車は木々が茂る森陰に姿を消した。◎飯島〜伊那本郷　1980（昭和55）年5月2日　撮影：安田就視

与田切川を見下ろす丘では、レンギョウがたわわに花を咲かせて、春の到来を謳っていた。伊那本郷から三州街道（国道153号線）と共に西へ延びる線路は、川の手前で急曲線を描いて向きを北へ変えながらプレートガーターが続く橋梁を渡る。川の周辺には岸辺近くまで、家屋や工場施設が建っていた。◎飯島〜伊那本郷　1980（昭和55）年５月２日　撮影：安田就視

田んぼに水が入ると本格的な春の到来を
実感する。にわかに現れた水鏡は、冠雪
の山並みに澄んだ青空。萌え始めた緑等
を逆さ絵で映し出す。少し風が吹くとそ
れらの輪郭は虚ろになって、より優しい
装いとなった。実像の世界では湘南色の
80系が、青い景色の中にくっきりと浮か
び上がっていた。
◎田切〜伊那福岡
1980 (昭和55) 年5月2日
撮影：安田就視

昭和50年代に入り、かつては準急や急行として飯田線に乗り入れていた80系が、普通列車に充当されるようになった。車体塗装は湘南色のままだ。谷間に敷設された小半径のオメガカーブ区間を、車輪を軋ませながらゆっくりと進む。背景には木曽山地の最高峰である木曽駒ヶ岳（2,956m）がそびえていた。
◎田切〜伊那福岡
1980（昭和55）年5月2日
撮影：安田就視

天竜川水系に属し、駒ヶ根市と飯島町の境界付近を東西に流れる中田切川。豊潤な雪解け水の流れがつくり出したゆったりとした谷で、飯田線は半円形の曲線を描いて川を渡る。列車の背景には念丈岳や烏帽子岳等、伊那谷を見下ろす中央アルプスの峰々が彩る。旧型国電がまとうスカ色は、冠雪の山を表現しているかのようだった。
◎田切〜伊那福岡　1973（昭和48）年12月8日　撮影：荒川好夫（RGG）

天竜峡を午前5時27分に発車した急行
「こまがね2号」は、西側車窓に中央ア
ルプスの展望が広がる、飯田線屈指の景
勝地田切の急曲線区間を悠々と通過して
行った。遠く赤石山系に続く稜線から顔
を出した太陽が、みかん色をした165系
の顔をより濃密に染め上げた。秀峰にか
かる霞みは徐々に消え、今日も穏やかな
伊那谷の一日が始まる。
◎田切〜伊那福岡
1983（昭和58）年5月30日
撮影：森嶋孝司（RGG）

飯田線初の優等列車として1961（昭和36）年から名古屋〜豊橋〜辰野間で準急として運転を始めた「伊那」。急行列車に昇格し3往復体制となってからは、うち1往復が東海道本線大垣〜名古屋間、中央本線辰野〜上諏訪間に運転区間を延ばした。また延伸区間では普通列車として運転した。末期の姿は165系普通車4両のモノクラス編成だった。
◎伊那福岡〜田切
1983（昭和58）年5月30日
撮影：森嶋孝司（RGG）

新宿～駒ヶ根間に急行「こまがね」が新設された。◎1967（昭和42）年7月1日　提供：駒ヶ根市立博物館

駒ヶ根駅の駅舎。◎1974（昭和49）年　提供：駒ヶ根市立博物館

駒ヶ根駅周辺。
◎1979（昭和54）年
提供：駒ヶ根市立博物館

駒ヶ根駅の駅舎。
◎1979（昭和54）年
提供：駒ヶ根市立博物館

駒ヶ根駅構内。
◎1979（昭和54）年
提供：駒ヶ根市立博物館

五月晴れの空に優雅な佇まいの木曽駒ヶ岳（2,956ｍ）浮かび上がった。急曲線区間にある築堤で、車輪を軋ませながら進む電車はクハ47形とクモハ53形の2両編成。いずれも片側に客室扉を二か所備える車両である。座席に対応する窓の大きさは異なるものの、側面には幹線で速達列車運用に励んだ頃の面影が窺える。
◎伊那福岡〜田切
1980（昭和55）年5月2日
撮影：安田就視

貨物列車を牽引するED19形。大正時代の末期に輸入されたED53（輸入当初は6010形）形に歯車比の増大、抵抗器容量の増加等を施工し、山岳路線向けに改造した機関車だ。昭和30年代に飯田線へ転属し、ED18形等と共に軌道の規格が低い飯田以北の区間を主に運用された。5号機は東京機関庫（後の東京機関区）時代にお召列車牽引機に指定されていた元ED53 1である。
◎大田切〜宮田
1974（昭和49）年頃
撮影：小野純一（RGG）

165系が大田切川を轟音と共に渡って行った。貫通扉上の表示器は空白で、車体側面の枠に列車種別や号車番号は入っていないようだが、前面に掲出された列車番号「601M」から急行「伊那1号」と察せられる。飯田線を走破する急行は普通車のみの4両編成。それでも制御車が装備する大目玉の前照灯に往時が偲ばれた。
◎大田切〜宮田　1980（昭和55）年5月1日　撮影：安田就視

岸辺に根付いたニセアカシアが白い花を咲かせた初夏の大田切川。急行列車の間合い運用で普通列車運用に就く165系が橋梁を渡る。制御車と電動車、電動制御車の３両で構成される一単位に、制御車を増結した４両編成だ。
◎宮田～大田切　1980（昭和55）年５月21日　撮影：安田就視

飯田線に貨物列車が運転されていた時代、一般貨物のほかに伊那谷で使われるガソリンなどの石油類やLPガス輸送や沿線各地に点在するセメントターミナルへのセメント輸送などの専用列車が設定されていた。小口輸送の便も多く、電気機関車が数両の貨車を牽引する微笑ましい様子を日常的に見ることができた。機関車の次位に連結されたタンク車はタサ5700形での全長は17m余りで、牽引機のED62よりも長い。◎宮田～大田切　1980（昭和55）年5月1日　撮影：安田就視

大正時代に伊那電車軌道（後の伊那電気鉄道）が宮田～伊那町（現・伊那市）に路線を延伸した際、現在の伊那市南端部に開業した赤木駅。西春近地区の集落内にあり、駅の東側には水田が広がる。構内はホーム１面１線の棒線形状でホーム上に小さな待合室がある。駅は1923（大正12）年、1934（昭和９）年の二回に亘り移転した。
◎赤木　1999（平成11）年２月１日　撮影：安田就視

草木が芽吹き始めた山里を進む2両編成の荷物電車。先頭のクモニ83形は、昭和20年代に登場した80系電車に属する車両。元クモユニ81形で飯田線転属に際し郵便室を撤去した。両端部の2枚窓が、往時から同系車両の中でも際立っていた存在感を今なお誇示していた。クモニ13形は旧型電車を改造した車両で、17m級の車体を載せる。
◎沢渡〜赤木　1980（昭和55）年4月30日　撮影：安田就視

伊那谷北部の街。伊那市の中心部にある伊那市駅。辰野方から鉄道建設を進めてきた伊那電車軌道（後の伊那電気鉄道）が
入舟町停留場以南の区間を延伸した際、1912（明治45）年に終点として伊那町駅の名称で開業した。国鉄路線となった後の
1954（昭和29）年。伊那町の市制施行に伴い、伊那市駅と改称した。
◎伊那市　1982（昭和57）年8月1日　撮影：安田就視

伊那電車軌道（後の伊那電気鉄道）が創業時に伊那谷の終点とした伊那松島駅。最初の駅名は松島だった。1923（大正12）年に伊那松島駅と改称。現在はホーム2面2線の小ぢんまりとした構内だが、開業当初より列車運用の拠点として車両基地が設置された。所在地の箕輪町は長野県下で最も人口が多い町である。
◎伊那松島　1982（昭和57）年8月1日　撮影：安田就視

長野地域色塗装の115系で運転する快速「みすず」が駅舎と対峙する側のホームへ入って来た。飯田、岡谷と松本、長野を結ぶ快速列車は1986（昭和61）年より運行を開始。飯田線内では、急行「天竜」を急行「かもしか」と快速「みすず」に分離した運行形態になった。当初は「みすず」にも急行形の169系が充当された。
◎伊那松島
1999（平成11）年2月10日
撮影：安田就視

寒気を伴った低気圧の通過で、今年最初
の雪となった。積雪した端山がくっきり
と望まれる翌朝。眩いばかりに降り注ぐ
陽光は、水田に薄く積もった雪を見る間
に溶かして、冬枯れの情景を炙り出した。
周囲を山に囲まれた盆地故に伊那谷の冬
は冷え込みが厳しい。しかし降雪する機
会は多くなく、近年では真っ白な田園風
景と出会うことは少ない。
◎沢〜伊那松島
1986（昭和61）年11月
撮影：安田就視

沢駅から線路沿いに南へ歩いて行くと、
飯田線が国道を潜る手前で左手に天竜川
が近づき、線路際に田園風景が広がって
いた。北風が吹く山里は冬枯れの風景。
ジョイント音を響かせながら軽快に走り
去る119系は飯田線に投入された新製車
だ。路線色に採用された鮮やかな空色の
車体が、春の到来を待ち望んでいるかの
ようだった。
◎沢～伊那松島
1986（昭和61）年1月
撮影：安田就視

辰野駅構内の西側を岡谷街道が跨ぎ、道の上から駅構内の様子を望むことができる。民営化後、クリーム地に湘南色を想わせる二色の帯を巻いたいで立ちに塗り替えられた119系が、「天竜峡行き」として飯田線に向かって行った。登場から5年余りを経て、その使い込まれた風貌は、すっかり伊那谷の主のような貫禄をまとっていた。
◎辰野　1990（平成2）年10月　撮影：安田就視

飯田線の終点、辰野駅で顔を揃えた119系と115系。119系は行先表示に「天竜峡」と掲出して客待ちの様子。一方、115系は僅かな停車時間で塩尻方面へ発車して行った。辰野駅を含む岡谷～塩尻間はみどり湖経由の新線が1983（昭和58）年に開業して以降、支線扱いとなって定期の特急列車は運転されていない。
◎辰野　1999（平成11）年2月　撮影：安田就視

中央本線に乗り入れた旧型国電は、クモハ54形を先頭にした全てスカ色の編成。辰野から岡谷へ向かう線路は、駅を出て間もなく天竜川を渡り左岸を北東方へ延びる。岡谷街道と並行する区間には民家が続くものの、川が車窓に迫る狭小地では木々に囲まれた山間の風情になる。積雪に見舞われた日、連続する曲線は老いた電車に厳しい道程と映った。
◎中央本線　辰野〜川岸
1983（昭和58）年2月13日
撮影：木岐由岐（RGG）

飯田線の列車には現在に至るまで、中央本線の上諏訪、茅野まで乗り入れる直通列車が運転されている。昭和50年代の末期には、かつて急行等の優等列車として顔を出していた80系が、普通列車としてのんびりと走っていた。1983（昭和58）年にみどり湖経由の新線が開業して、支線扱いになった岡谷〜辰野〜塩尻間は現在も単線のままである。
◎中央本線　川岸〜岡谷　1983（昭和58）年2月13日　撮影：高木英二（RGG）

近年の飯田線の駅舎めぐり

飯田線の豊橋〜辰野間195.7キロには全部で94駅があり、そのうち86駅の近年の写真をここに掲載。愛知県・静岡県・長野県の３県を通り、都会の駅、農村の駅、秘境駅といったさまざまな駅をつないで飯田線は走っています。ここで掲載していない駅は、下地駅・下市田駅・市田駅・下平駅・下島駅・木ノ下駅・伊那松島駅・宮木駅の８駅です。

豊橋駅　0.0km（愛知県豊橋市）

船町駅　1.5km（愛知県豊橋市）

小坂井駅　4.4km（愛知県豊川市）

牛久保駅　6.6km（愛知県豊川市）

豊川駅　8.7km（愛知県豊川市）

三河一宮駅　12.0km（愛知県豊川市）

長山駅　14.4km（愛知県豊川市）

江島駅　15.4km（愛知県豊川市）

東上駅　17.0km（愛知県豊川市）

野田城駅　19.7km（愛知県新城市）

新城駅　21.6km（愛知県新城市）

東新町駅　22.6km（愛知県新城市）

茶臼山駅　23.8km（愛知県新城市）

三河東郷駅　25.0km（愛知県新城市）

大海駅　27.9km（愛知県新城市）

鳥居駅　29.3km（愛知県新城市）

長篠城駅　30.8km（愛知県新城市）

本長篠駅　32.1km（愛知県新城市）

三河大野駅　35.6km（愛知県新城市）

湯谷温泉駅　38.0km（愛知県新城市）

三河槙原駅　40.6km（愛知県新城市）

柿平駅　42.9km（愛知県新城市）

三河川合駅　45.2km（愛知県新城市）

池場駅　50.1km（愛知県新城市）

東栄駅　51.2km（愛知県北設楽郡東栄町）

出馬駅　55.4km（静岡県浜松市）

上市場駅　56.0km（静岡県浜松市）

浦川駅　57.3km（静岡県浜松市）

早瀬駅　58.5km（静岡県浜松市）

下川合駅　59.9km（静岡県浜松市）

中部天竜駅　62.4km（静岡県浜松市）

佐久間駅　63.5km（静岡県浜松市）

相月駅　68.5km（静岡県浜松市）

城西駅　70.5km（静岡県浜松市）

向市場駅　73.3km（静岡県浜松市）

水窪駅　74.3km（静岡県浜松市）

大嵐駅　80.8km（静岡県浜松市）

小和田駅　83.8km（静岡県浜松市）

中井侍駅　87.8km（静岡県下伊那郡天龍村）

伊那小沢駅　90.1km（静岡県下伊那郡天龍村）

鶯巣駅　91.7km（静岡県下伊那郡天龍村）

平岡駅　93.8km（静岡県下伊那郡天龍村）

為栗駅　98.5km（静岡県下伊那郡天龍村）

温田駅　102.2km（静岡県下伊那郡泰阜村）

田本駅　104.2km（静岡県下伊那郡泰阜村）

門島駅　107.9km（静岡県下伊那郡泰阜村）

唐笠駅　111.3km（静岡県下伊那郡泰阜村）

金野駅　113.6km（長野県飯田市）

千代駅　114.8km（長野県飯田市）

天竜峡駅　116.2km（長野県飯田市）

川路駅　117.5km（長野県飯田市）

『飯田線　1960〜90年代の思い出アルバム』（アルファベータブックス）正誤表　2022.10.13現在

本書に下記の通り、誤りがありました。お詫びして訂正いたします。

ページ	行	誤	正
78	上から2段目右の写真から下から2段目真ん中の写真までのキャプション	静岡県下伊那郡	長野県下伊那郡
78	下から2段目左の門島駅の写真	写真の駅舎が唐笠駅の駅舎の写真になっている	写真を下記の正しい門島駅の写真に差し替え
79	下から2段目右のキャプション	長野県下伊那郡中川村	長野県上伊那郡中川村

時又駅　119.4km（長野県飯田市）

駄科駅　121.2km（長野県飯田市）

毛賀駅　122.6km（長野県飯田市）

伊那八幡駅　123.7km（長野県飯田市）

下山村駅　124.8km（長野県飯田市）

鼎駅　125.8km（長野県飯田市）

切石駅　127.8km（長野県飯田市）

飯田駅　129.4km（長野県飯田市）

桜町駅　130.2km（長野県飯田市）

伊那上郷駅　131.2km（長野県飯田市）

元善光寺駅　133.9km（長野県飯田市）

山吹駅　140.6km（長野県下伊那郡高森町）

伊那大島駅　143.2km（長野県下伊那郡松川町）

上片桐駅　147.0km（長野県下伊那郡松川町）

伊那田島駅　148.3km（長野県下伊那郡中川村）

高遠原駅　150.8km（長野県上伊那郡飯島町）

七久保駅　152.4km（長野県上伊那郡飯島町）

伊那本郷駅　155.2km（長野県上伊那郡飯島町）

飯島駅　158.0km（長野県上伊那郡飯島町）

田切駅　160.2km（長野県上伊那郡飯島町）

伊那福岡駅　163.0km（長野県駒ケ根市）

小町屋駅　164.5km（長野県駒ケ根市）

駒ケ根駅　165.7km（長野県駒ケ根市）

大田切駅　167.1km（長野県駒ケ根市）

宮田駅　169.2km（長野県上伊那郡宮田村）

赤木駅　170.5km（長野県伊那市）

沢渡駅　173.5km（長野県伊那市）

伊那市駅　178.1km（長野県伊那市）

伊那北駅　179.0km（長野県伊那市）

田畑駅　181.1km（長野県上伊那郡南箕輪村）

北殿駅　183.3km（長野県上伊那郡南箕輪村）

沢駅　189.8km（長野県上伊那郡箕輪町）

羽場駅　191.7km（長野県上伊那郡辰野町）

伊那新町駅　193.5km（長野県上伊那郡辰野町）

辰野駅　195.8km（長野県上伊那郡辰野町）

2章

モノクロフィルムで記録された
飯田線

モハ52系が飯田線に転属してから程なく、飯田線全線を走破する快速列車が設定された。同運用に充当された流電は、車体をオレンジ色と落ち着いた雰囲気の青色の二色で塗った、快速専用色をまとった。ヘッドマークは矢羽根を連想させる疾走感がある意匠。通過駅では乗務員が通票を腕で受け取る豪快な情景が見られた。
◎佐久間　1958（昭和33）年10月16日　撮影：小川峯生

東海道新幹線開業の前年。戦
後復興を遂げた豊橋市の鉄道
玄関口である豊橋駅前は、高
い建物もなく、ゆったりとし
た広場になっていた。国鉄駅
の近くまで乗り入れる路面軌
道は豊橋鉄道の東田本線。縦
長の窓が印象的な路面電車は
800形である。戦時中に名古
屋市電に900形として導入さ
れ、1963（昭和38）年に豊橋
鉄道へ移ってきた。
◎豊橋
1963（昭和38）年8月25日
撮影：荻原二郎

傘の花が咲く国鉄駅前にたたずむ路面電車は600形。豊橋鉄道の電停は、大通りに面した駅前広場の片隅に置かれていた。電車の行先表示器には旧線区間にあった市民病院前の文字が浮かぶ。また、運転席下の行先表示版には、市民病院前と競馬場前二つの電停名が並記されていた。車体側面には隣町にある蒲郡競艇の広告看板を掲げる。
◎豊橋　1968（昭和43）年8月31日　撮影：荻原二郎

昭和40年代の半ばまで、豊橋駅では入れ替え作業に励む蒸気機関車の姿を見ることができた。C50 109号機は1930（昭和5）年製の汎用機関車。北九州地区で運用された後、戦時中に静岡区へ転属。1962（昭和37）年に豊橋機関区へ移り、入れ替え専用機として活躍した。1970（昭和45）年に亀山機関区へ転属し、現役の蒸気機関車で最後のC50となった。
◎豊橋　1967（昭和42）年9月5日　撮影：荻原二郎

東海道新幹線の開業以降、新幹線駅が設置された豊橋駅は東三河地方の鉄道玄関口として、利用者数は右肩上がりになっていた。「豊橋ステーションビル」は1970（昭和45）年の竣工。駅舎としては5代目になる。施設内には100店舗以上の商業施設が入り、運営組織として民間資本に加えて豊橋市等が出資する豊橋ステーションビル株式会社が設立された。
◎豊橋　昭和40年代後半
撮影：山田虎雄

東海道本線と飯田線、名鉄本線が接続している豊橋駅と、豊橋鉄道渥美線の始発駅となっている新豊橋駅付近の空撮写真である。新豊橋駅は1927（昭和2）年に渥美電鉄の豊橋駅前駅として開業し、この後の2008（平成20）年に現在地に移転した。一方、1888（明治21）年開業の豊橋駅は、太平洋戦争の空襲の被害を含めた駅舎の度重なる変遷を経て、この年（1970年）7月から新しい駅舎「豊橋ステーションビル」の営業が開始されることになる。
◎1970（昭和45）年5月22日　撮影：朝日新聞社

愛知県東三河地方の中核都市豊橋市の代表駅である豊橋駅。飯田線の列車は同じホームで名古屋鉄道名古屋本線の列車と並ぶ。2番ホームに隣町である豊川へ向かう区間列車が停車していた。クモハ52には終点駅の名を記した行き先表示板を掲出していた。国鉄の電車越しに赤い車体の名鉄電車が望まれる。◎豊橋　1978（昭和53）年9月25日　撮影：荻原二郎

三河地方を潤す豊川の畔に置かれた下地駅。川の対岸にある船町駅と共に、豊橋口で国鉄(現JR東海)と名古屋鉄道の共用区間に開設された。国鉄時代から快速列車は豊橋〜豊川間をノンストップで運転し当駅を通過していた。また、同じ線路を走行する名鉄電車も全列車が通過し、当施設が国鉄の駅であることを再認識させられる運行形態だった。
◎下地　1967(昭和42)年9月5日　撮影：荻原二郎

豊橋口は東海道本線、名古屋鉄道との並行区間。飯田線の列車は名鉄の特急列車と遜色のない6両編成でやって来た。先頭に立つイカシタ流線形電車はクモハ52形。京阪間の快速列車等でならし、戦前の流線形ブームを彩った個性派電車は昭和30年代に飯田線へ転属し、南部を主に昭和50年代まで活躍した。
◎下地〜小坂井
1978(昭和53)年7月
撮影：山田 亮

『豊橋市史』に登場する飯田線 （市史より抜粋）

豊川鉄道の開設

　今日の飯田線の前身である豊川鉄道は、明治29年より着工されて、翌30年に営業が開始された。しかし、着工に至るまでには非常に多くの問題をかかえていた。

　豊川鉄道の敷設計画の最初は士族授産の一方法として、豊川稲荷への参詣客の輸送を目的として、旧吉田藩士により発案された。豊橋町八町在住の士族加治千万人他22名が発起人となり、26年6月6日に資本金5万円で豊川鉄道株式会社を設立して、宝飯郡下地町・牛久保町・豊川町間の約4マイル（6.4キロメートル）に軽便鉄道敷設の請願を行なったのである。

　ところが、豊川鉄道への参加を断わられた名古屋の小塚逸夫はこの案に対抗して、26年7月7日に官設の御油駅（現愛知御津駅）から豊川に至る4マイル余の軽便鉄道の敷設を請願した。この御油鉄道案は先の豊川鉄道と目的も性格もほとんど同じで、その起点が異なっているだけであった。御油鉄道の動きを事前に察知した豊川鉄道の発起人らは、これに先だち資本金を10万円に増資して、本線を豊川町からさらに南設楽郡新城町まで8マイル（12.9キロメートル）延長し、また4万円で豊川・国府間約4マイルの建設計画をたて、26年6月30日に追願書を提出したのである。

　しかし、これら3つの案は翌27年1月15日の第3回鉄道会議で、現地調査の必要性を認めながらも、全て却下されたのである。そして、現地調査の結果、本線を豊川や新城に止めるだけでなく、さらに大海まで延長した方が地元の利益につながるであろうことが、第4回の鉄道会議で報告された。第4番目の案である。

　一方、これとは別であるが、同時期に相前後して、2つの鉄道敷設の出願が行なわれた。1つは初代豊橋町長の三浦碧水らによる豊橋町・海老村間を結ぶ東海鉄道の計画で、26年11月に出願された。2つ目が、翌年3月に前芝村の加藤六蔵らによって出願された前芝港・伊奈・海老村を結ぶ三河鉄道である。

　しかし、東海鉄道・三河鉄道の両者に大きな違いがないことから、出願者双方が1つの計画に統合し、海老村から伊奈で官線に連絡して豊橋・伊奈・前芝港間の28マイル（45.7キロメートル）の路線計画をたて、改めて27年4月に31名が発起人となって請願した。これが東三河軽便鉄道であり、資本金50万円を用意した。第7番目の案である。東三河軽便鉄道の計画は、先の豊川・御油両鉄道案が局地的であったのとは異なり、その目的が三河と信州を結ぶという遠大なものであった。

　すでに述べたように、江戸時代以来三河と信州は特に中馬稼ぎを媒介として物資の輸送量が非常に多かった。東三河軽便鉄道の発起人のほとんどが豊橋在住の実業家であったことをみれば、同鉄道の計画が豊橋を物資の集散都市として発展させるための方策であったことは明らかである。

　いずれにしても、ほとんど同一の地域にこのように多くの鉄道敷設計画があったから、その請願合戦は熾烈をきわめた。その結果、ついに豊川鉄道がその先願権を認められ、27年6月19日の第4回鉄道会議において、軌間を3フィート6インチ（1,067ミリメートル）に改め、しかも路線を大海まで延長するという条件で採択されたのである。

　この条件により、豊川鉄道は単なる豊川稲荷への参詣路線という所期の目的から、少なくともその目指す方向は信州と三河を結ぶ遠大な経済路線に変ぼうしたのである（日本国有鉄道編『日本国有鉄道百年史』第4巻）。こうして豊川鉄道は資本金を40万円に増額して、28年6月には測量を終え、29年1月24日に開業の免許状を得たのである。

　一方、この時期には前に述べた各鉄道敷設計画だけでなく、豊橋を起点として非常に多くの鉄道敷設の申請が出されている。先物買い的な面も多いが、なかには信参鉄道や豊橋鉄道が飯田線・二俣線の1つの基礎となったように、やがて名称を変えたり、統廃合を重ねながら実現化されていったものも多い。

豊川鉄道の営業

　免許状を得た豊川鉄道株式会社は、初代社長に横山孫一郎が就任し、明治29年2月1日に事務所を札木町に設置した。そして渡辺嘉一技師を工事監督に委嘱して着工し、その施工を急いだのである。

　8年以前に開業していた官設の東海道線豊橋駅と接続するため、その起点を下地村から花田村へ移すことが、29年6月に認可された。起点を豊橋駅に移すためには豊川の架橋が必要であり、同年12月に資本金を50万円に増資した。豊橋駅と連絡線の敷設が認可されたのが30年1月のことであり、こうして東海道線とも直結した。比較的平坦な地域であるから工事は順調に進み、唯一の難工事とされた豊川の橋梁も、途中台風の被害を受けながらも同年5月には完成した。

　こうして、まず同年7月15日には豊橋・牛久保・豊川間が開通して営業を開始し、さらに1週間後の同月22日には一ノ宮（現三河一宮）まで延長し

た。豊橋駅では9万人近くの乗客があり、その収益も7,248円におよんだ。この年の全乗客収入が14,908円であるから、豊橋駅で約半分の乗客収入を得たことになる。全貨物収入473円のうち、豊橋駅が148円、牛久保駅が113円分を取り扱っている。全体的にみれば、乗客収入は予想通りであったが、貨物収入の占める割合が低い。経済路線を目指している豊川鉄道としては、この点が痛いところであった。31年4月25日には、それまで用地買収で手間どっていた一ノ宮・東上・新城間が開通し、33年9月23日にはついに大海まで全線開通したのである。

　この間、豊橋駅との共同使用について、30年8月18日に鉄道局と契約し、31年3月13日には豊橋・牛久保間に小坂井駅を開設、32年10月19日には一ノ宮・東上間に長山駅を開設した。また、33年2月22日には吉田から吉田方村に至る貨物線の新設を申請し、船町支線が完成したのが同年11月7日である。こうして、豊川鉄道は全営業区間が17マイル61インチに達し、その工事に820,188円余を費やしたのである。

　こうしてみると、全て順調に事が運んでいるかにみえるが、幾つかの問題点もあった。その1つが路線計画の変更である。それは31年1月の株主総会で決定された豊川・御油間の支線敷設と、33年6月16日に仮免許が下付された大海（36年3月に長篠と改称）より北設楽郡川合までの延長路線のことである。

　前者は尾三鉄道と結んで、将来関西へ通ずるという遠大な目標であったが、尾三鉄道が手を引いたため32年の株主総会で削除され、翌33年12月に仮免状を返納した。後者は信州ルート開発のためであり、これこそが豊川鉄道認可の条件であったが、財政上の都合で37年4月に仮免状を返納してしまったのである。こうして豊川鉄道の性格は結局、信州・三河を結ぶ経済路線という大きな目標とは相反し、最初に請願した内容とほとんど同じ単なる豊川稲荷への参詣路線にならざるを得なくなったのである。大和田建樹の鉄道唱歌に「豊橋おりて乗る汽車はこれぞ豊川稲荷道」とあるのは、まさに言い得て妙である。

　問題点の2つ目は財政上のことである。急激な事業拡大のために資金が欠乏し、開業3年目の33年度には一時借入金が実に49万9000円におよんでいた。そこで借金整理の方策として、34年の株主総会で資本金を150万円に増資する案を成立させた。債権者との交渉には手間取ったが、翌35年3月には何とか優先株2万株を発行したのである。

　経営責任をとって35年6月に役員が総辞職し、同年7月新たに第百三十銀行頭取の松本重太郎が社長に就任し、4名の取締役と2名の監査役が選任された。しかし、その後も経営状況は悪く、優先株の配当も3〜5分程度が続くなか、37年6月に松本会長が辞任し、取締役の末延道成が後任に就き、39年にはようやく5分の配当を行なうことができるようになった。

　このような悪財政の状況のもとで、さらに追い打ちをかけたのが、43年の計理部長の不正計理に端を発した豊川への入水自殺事件である。その結果、ついに優先株も無配当となって役員も引責辞職し、代わって倉田藤四郎が支配人となった。倉田支配人は経営の大改革に乗りだし、44年に資本金を20万円減額して130万円にしたのを手はじめに、強引な節減政策を行なうなどして、大正年間を通じて徐々に財政を建て直していった（『豊橋商工会議所五十年史』）。

　さて、豊川鉄道営業開始当時の旅客運賃は3段階になっており、下等1マイルにつき1銭4厘、中等が下等の5割増、上等が下等の3倍であった。その後、31年に下等1マイルにつき1銭5厘、32年に1銭9厘に値上げされ、39年には上等を廃止した。

　財政難にもかかわらず当初から車輛の準備は整い、全線が開通した33年には機関車3輛・客車29輛と、非常に使用率の悪い貨車が77輛もあった。余った車輛は関西鉄道等に貸与していたこともあったが、逆に言えばこれが経営難の一因でもあった。

　開業以来の乗客・取り扱い荷物量とその収益は依然として貨物取り扱い量が乗客に対して格段に少ない。なかでも、新旧正月と4月・8月の豊川稲荷の大祭の時期には乗客数が増加しているが、これが同鉄道の性格を如実に反映している。したがって、収入はほとんどが乗客からである。

　31年に乗客・貨物収入が倍増しているが、これは同年に新城まで開通し、営業路線が13マイル余に及んだことの影響である。しかし、33年に長篠まで開通した影響は、前回ほど大きなものではない。営業路線を延長した見返りがほとんどないことが、その後の豊川鉄道の経営悪化の一大要因であったわけである。

（中略）

豊川鉄道

　豊橋の交通は、東海道線を中心に東西にはよく開かれていたが、江戸時代以来の伝統をもつ南北交通の維持が重要な地域的課題で、この時期の中心的役割を担ったのが日本最古の私鉄である豊川鉄道であった。豊川鉄道は、明治29年2月に資本金40万円で設立、本社を豊橋町札木に置き、東海

道線と連結するために渥美郡花田村を起点とすることに改めて資本金を50万円として、同年12月から着工した。30年7月に豊橋・豊川間、続いて豊川・三河一宮間が開通、翌31年4月に三河一宮・新城間、33年9月に新城・大海（36年長篠と改称）間が開通して全通したのである。

その間、32年には従来から共有していた豊橋駅から分かれて吉田駅を新設し、35年6月には150万円に増資している。開業後暫くは営業成績も良好であったが、次第に赤字が累積したため、元北越鉄道（現信越線の一部）で会計を担当していた倉田藤四郎を迎えて整理にあたらせ、大正2年には資本金を110万円に圧縮させた。以降、第1次世界大戦による好況が影響して大正期を通じて営業成績が上昇し、8年下期には2割4分の高配当を行なうまでに至った。

貨物量は、大正10年まで急速な伸びを示しているが、その後減少しているのに対し、乗降客は大正5年以降順調に増加している。そして、収入の大部分が旅客の運賃であるから、その増加を背景として大正元年の運賃総額約5万2000円に対し14年のそれは約16万3000円と3倍以上の増額となっている。

こうして、9年5月には鳳来寺鉄道の払込資金に充てるために資本金を230万円とし、14年7月14日には全線を電化したが、その資金と豊川・吉田間の複線改良のために同年4月に資本金250万円を増資して480万円とした。さらに、昭和2年には田口鉄道・三信鉄道創立のために両社の株式を多数引受けたのである。

鳳来寺鉄道と田口鉄道

鳳来寺鉄道は、大正10年9月1日豊川鉄道の援助を受けて資本金130万円で創立、本社を豊川鉄道内に置き一切の事務を豊川鉄道が面倒をみた。翌11年3月着工、12年2月に大海・三河川合間が開業した。開業と同時に、豊川鉄道と相互乗入れ

鳳来寺鉄道鳳来寺口駅（現・飯田線本長篠駅）と三河田口を結ぶ田口鉄道の寒狭川（豊川上流部の通称）にかけられた第2寒狭川橋梁。1930（昭和5）年12月に開通したのち、1932（昭和7）年に三河田口まで全通した。1956（昭和31）年に豊橋鉄道田口線となったものの1968（昭和43）年に廃止された。開通当時から鳳来寺鉄道と相互乗り入れを行い、飯田線となってからも電車が豊橋駅まで乗り入れていた。
◎田口鉄道田峯～長原前
1930（昭和5）年12月
撮影：朝日新聞社

を行なったが、この頃から豊川鉄道の電化計画が起こったので、鳳来寺鉄道でもこれに同調し、13年10月に社債50万円を発行して電化資金に充当することにした。昭和2年には、三河川合から天竜峡間が伊那電気鉄道の手により開通した。こうして、豊橋・天竜峡間が全通したのである。

昭和2年11月に田口鉄道、同年12月に三信鉄道の設立が計画されたので、両社に出資するため鳳来寺鉄道は3年3月に増資して資本金を280万円としたが、折からの不況のために低配当が続き、6年以降は無配当となった。この間、同鉄道の発起人であった大橋正太郎社長が退任し、常務取締役であった倉田藤四郎が社長に就任した。

田口鉄道は昭和2年11月6日に創立、社長に倉田藤四郎、専務に宮内省から立元祐方が就任した。立元の就任は、その資本金300万円のうち豊川鉄道が75万円、宮内省が125万円を出資したからである。鳳来寺口・三河海老間の運転開始が4年5月22日、三河海老・清崎間が5年12月10日、清崎・三河田口間が7年12月22日に各々営業を開始した。

愛知県豊川市の南部にある牛久保駅。豊川鉄道が豊橋〜豊川間の鉄道を開業した折には、唯一の途中駅として開設された。現在まで現役施設として使用されている駅舎は1943（昭和18）年に改築された建物である。昭和40年代には、出入口付近の上屋を支える柱や壁面の一部が明るい色調のタイル貼りになっていた。
◎牛久保　1968（昭和43）年8月31日　撮影：荻原二郎

周囲が青い帳に包まれ始めた頃、建物内側に灯された明かりが、個性的な形の駅ビルを幻想的に浮かび上がらせた。出入口の扉は木製。その向こうに照らし出された改札口越しに留め置かれた貨車の姿を窺うことができる。一階部分の軒下に取り付けられた照明には丸いカバーが掛けられ、駅舎が建設された頃の昭和モダンな雰囲気をより強くしていた。
◎豊川　1962（昭和37）年2月28日　撮影：荻原二郎

20m級の三扉車はクモハ51。昭和初期に拡大する関東、関西圏の電化区間に向けて製造された。車内は区間によって利用客数に幅がある緩行線の列車として、取り回しの効くセミクロスシートの仕様だった。全57両の製造期間は3年間ほどだが、製造時期によって前照灯周りや屋根の形状等にいくつもの相違点を見つけることができる。
◎三河一宮　1970（昭和45）年11月5日　撮影：荻原二郎

荷物電車、合造車を連ねた普通列車。先頭のクモニ83形は郵便、荷物輸送の施設を兼ね備えていた元クモユニ81形。車体の両端部に湘南顔の運転台を備える。落成時には東海道本線等の近郊電車として活躍した。1963（昭和38）年に飯田線へ転属する際、荷物車への改造を浜松工場で施工された。◎東上〜江島 1978（昭和53）年7月　撮影：山田 亮

『豊川市史』に登場する飯田線 （市史より抜粋）

豊川鉄道路線延長計画

大海、川合間延長計画

　豊川鉄道は豊川稲荷の参詣客の輸送を主目的として、下地、豊川間に鉄道敷設を計画し敷設したが、大海まで延長した完成時には貨客の比率は当初と異なり、輸送目的は大きく変更していた。明治27（1894）年に却下となった東三鉄道が、陸上で信州へ人や荷物を伊那街道に沿って運ぼうと考え鉄道敷設の申請をしたように、豊川鉄道も大海以北へ路線延長をして、東三河から豊川に沿って北遠、南信と連絡する鉄道にしようと新たな鉄道敷設の請願をした。

　請願の目論見書によれば、豊川鉄道の終点大海より北設楽郡三輪村川合に至る10哩64鎖（17.39キロメートル）で、敷設費用は125万円であった。翌33年5月24日の第12回鉄道会議諮詢796号で、請願が聞届けられ仮免状を下付された。その時の説明書は「鉄道局の調査せるところと会社より提出された起業目論見書と照らし合わせると大体に於いて不都合な箇所はなく、実地測量を許可する」と書かれ、鉄道会議の議員よりの異議、質問もなく許可された。

　しかし、豊川鉄道も開業当時の経営は順調であったが、貨物の伸びが思わしくなく、次第に借入金もかさんで資金繰りのめどもたたず、37年4月になって大海、川合間の仮免状を返納してしまった。

豊川、御油間支線延長

　大海、川合間の仮免状返納は豊川鉄道にとっては残念なことであったが、以前に尾三鉄道が熱田、御油（町）間の仮免状を受けたとき、豊川鐵道は尾三鉄道と連携して関西への足がかりをつくろうと考えて受けた御油（町）、豊川間の支線延長の仮免状も、尾三鉄道が鉄道敷設を中止し仮免状を返上したため、豊川鉄道では支線延長の必要性がなくなり、不満足ではあったが、明治33（1900）年12月返納をした。しかし、大正時代になり、旅客、貨物の移動も次第に変わっていたため、再び豊川、御油（官線）間の支線延長の申請をした。

　この申請に対して政府は、大正3（1914）年7月7日豊川鉄道に免許を与えることになった。

　これについては、免許状の他に、7月11日付で官報の中に掲載された。

　免許を受けた豊川鉄道は、いよいよ工事に取りかかることになり、大正4（1915）年5月1日に「豊川鉄道支線工事施行ノ儀ニ付御認可申請」を提出して、工事方法、停車場図面、御油停車場乗り入

れ設計等について申請した。

　しかし、この時は第1次世界大戦が勃発しており、資材の高騰と調達困難等の事態が出始めて、工事に直ちに取り掛かることが出来なかった。さらに測量を実施をしていく中で、国府町大字白鳥から「大字白鳥地内を通過する線路が、人家の密集地を横断すること、付近の排水や悪水の処理が出来かねる」と、計画変更を申し入れてきた。そのため、会社、地元が再三協議を重ねると共に、愛知県知事の指示を仰ぎ会社案に決着したが、全体工事は予定通りに進行しなかった。そのため遂に会社は、工事の着手延期申請をした。

工事着工延期申請

　大正5（1916）年5月20日に提出した延期理由の概略は「時局のため、当分軌条その他の材購入不可能のおり、期日までには着手出来ず、用地並びに土工費にも多額の資金を必要となり、貧弱な当会社では経済上難儀で、何卒事情酌量の上相当期間着手延期を願いたい。」と延期申請を出した。これに対して半年間、12月19日までの工事延長の許可を得ることが出来た。その後も工事着手のめどが立たず、半年が過ぎようとし、再度の工事着手延期申請をした。

　大正5（1916）年11月25日に再提出した延期理由は「時局未だ回復出来ず、何分軌条其の他鉄材の購入困難に付き、当分の間着手延期の許可を願いたい」と申請理由をつけた。この再申請についても、半年間延長許可を受け、6年6月19日までを認めて貰うことになった。しかし、この延長期間の間に豊川鉄道は、支線延長の距離を短くし、建設資金を少なくする案を考え、新しい支線の変更を申請した。

線路変更申請

　大正6（1917）年2月12日提出した線路変更は、宝飯郡小坂井村より御津村に至る線路に変更することであった。

　この申請は、「本件ハ起点豊川町ヲ小坂井村ニ変更セントスルモノナルモ斯クテハ当初免許ノ趣旨ニ悖ルノミナラス国有鉄道東海道線ノ一部ト併行シ詮議難相成モノト認ム」との理由によりこの年3月7日に却下になってしまった。

再三の着手延長申請

　豊川、御油間の支線延長は、建設資金を減らすために、小坂井経由で延長申請という考えもあったが、大正6（1917）年6月19日まで、半年間延期

を認められたものの、着工めどは立たず、3度延期を申し入れたが、同年5月3日に延期申請の理由は「未だ時局半ばにして軌条其の他鉄材の購入不可能にして、且つ戦後も暫らく購入が不容易であり、特別に向う1年間の延期を願いたい」との理由であった。しかし、あと半年後にせまっている竣功期限のこともあり、5月3日の延期申請の回答も無いまま工事着工と竣功期限の延期申請をまた出した。

支線免許失効

一向に工事着工も進展せず1年近くが過ぎ、7年5月15日に工事着手期間については4度目、竣功期限については、再度期間延長を提出した。この申請に対して、7月19日遂に「大正7年5月15日付申請工事着手及竣功期限延期ノ件聞届ケ難シ」と不許可になってしまい、翌20日の官報にも掲載された。

豊川鉄道が、明治26（1893）年に豊川、国府間の支線延長を申請した後、明治29（1896）年に豊川、東海道線御油駅間（その後御油町迄に変更）を申請し、さらに、大正3年に豊川、東海道線御油駅間と3度も申請を提出したのが、どれも実現することなく計画だけで終ってしまった。

豊川鉄道の延長断念

豊川鉄道が東三河から北遠、南信への路線を延長するためには、莫大な資金が必要であったにもかかわらずこの時期の営業状態は安定せず、利益の配当も一定の比率を保つことが難しい状態であった。そのため、伊那地方への延長は覚束なくなり、結局は豊川流域の貨物輸送と、豊川稲荷への参詣者を運ぶ2つ目玉の鉄道となってしまった。それは、この鉄道が僅か17哩余（27.3キロメートル）程度の短い鉄道で、豊川下流の物資の流通も、明治中頃よりはかなり増大してきており、今まで主流であった水運や、陸上輸送が鉄道に変わり、短距離ながらも豊川鉄道が果たした役割りはそれなりに大きいものがあった。

鳳来寺鉄道と田口鉄道

鳳来寺鉄道

この路線は、かつて豊川鉄道が明治32（1899）年12月に延長路線として逓信省に申請し、翌33年5月仮免許を受けたものの、資金繰りがつかず37年に仮免許を返納してしまった路線計画をそのまま受け継いで建設しようとしたのであった。

大正9（1920）年5月17日に申請をし、豊川鉄道の株主ら35名が発起人となって、鳳来寺鉄道を設立し、豊川鉄道の終点長篠駅（現大海）より北設楽郡三輪村川合に至る10哩64鎖（27.4キロメートル）の路線で資本金は130万円、社長は前大野町町長大橋正太郎で申請がなされた。

敷設の目的は、前回豊川鉄道が計画したものと大差なく、鳳来寺への参詣、東三河から豊川にそって北遠、南信へ連絡し、山間部の資源開発をするものであった。

大正10（1921）年5月に仮免許がおり、12年2月1日に開通したが、この路線はかつて豊川鉄道が延長を断念したこともあり、豊川鉄道が鳳来寺鉄道の名を借りて路線の延長をしたようなものであった。

鳳来寺鉄道は、豊川鉄道と接続して造られた鉄道で、建設にあたっては一切の事務を豊川鉄道が行なっており、豊川鉄道と共通点が多かった。

このように実質上は、豊川鉄道の延長路線であり、名称だけ鳳来寺鉄道という別会社のようなものであった。

田口鉄道

田口鉄道は、段戸山の御料林（現国有林）の木材輸送と、別所街道沿いの産業開発、住民の交通の便を図るため、昭和2（1927）年11月6日、鳳来寺鉄道の鳳来寺駅から、北設楽郡田口（三河田口）まで22.6キロメートルの鉄道で資本金300万円でもって設立された鉄道である。

この鉄道は、出資の割合は表でもわかるように宮内省が第1位で、木材輸送を主目的とした鉄道で、鳳来寺鉄道の設立が豊川鉄道の姉妹会社であったように、田口鉄道も豊川鉄道と密接な関係を持ち、鳳来寺鉄道と共に3姉妹の鉄道となった。さらに鳳来寺からの出資を受けていたこともあり、参詣者のために鳳来寺の門前に駅を設置することになった。起点も始めの案である大海からを鳳来寺鉄道の鳳来寺口駅に変更した。

昭和4（1929）年5月22日第1期工事として鳳来寺口、三河海老間（11.6キロメートル）が開通し、翌5年に海老、清崎間（6.5キロメートル）が開通した。昭和7（1932）年12月22日には三河田口までが全通し、木材輸送のため田口、田峰の駅ではそれぞれ2つの森林鉄道にも接続していた。

鉄道の運営は、豊川鉄道、鳳来寺鉄道との共通面が多く、用意された車両は電車2両、電気機関車1両と若干の貨車のみで、運用についても豊川、鳳来寺鉄道と共通に運用され、豊川、鳳来寺、田口の各鉄道が相互に乗り入れることになった。

人口約43,000人の愛知県新城市の玄関口となっている飯田線の新城駅の駅前風景である。新城市は1958（昭和33）年に新城町が市制を施行して成立。2005（平成17）年の合併により市域を拡大し、愛知県内で2番目に面積の広い自治体となっている。新城駅の構造は単式、島式ホームを組み合わせた地上駅で、現在の駅舎は1943（昭和18）年に竣工しているが、新城市ではこの後、橋上駅舎と南北自由通路の建設を検討している。◎1958（昭和33）年8月　提供：新城市役所

大正時代から昭和初期にかけて大量に製造された30系電車。長らく山手線を始めとした首都圏の電化区間で運用され、昭和20年代より地方の電化路線へ転属した。クモハ11は17m級の車体を載せる片運転台の電動制御車。モハ30、31等を統合したモハ11を名称改定して、昭和20年代以降に誕生した形式だ。写真の車両は、後端部の乗降扉窓がHゴム支持に更新されている。◎本長篠　1965（昭和40）年3月9日　撮影：荻原二郎

飯田線の本長篠駅から、大井川（愛知県）、海老川の流れを遡り、下設楽郡設楽町の田口駅まで延びていた豊橋鉄道田口線。昭和40年代まで、床下に車体の重みを受け止めるトラス棒を渡した旧型電車の活躍を見ることができた。1968（昭和43）年に一部区間が水害に見舞われ、被災から3日後に全区間が廃止された。
◎本長篠
1965（昭和40）年3月9日
撮影：荻原二郎

駅名に旧村名が残る本長篠駅。旧市街地の中心部近くにある。大正時代に開業した鳳来寺鉄道の鳳来寺駅として開業した。後に鳳来寺口駅と改称し、同鉄道が国有化で国鉄飯田線となった際に現在の駅名となった。かつては豊橋鉄道田口線の起点でもあった。木造の駅舎は壁面の塗り替え等、改装されているものの、現在も現役施設として健在だ。
◎本長篠　1972（昭和47）年6月6日　撮影：荻原二郎

築堤上にのりばホームがあり、地上に建つ駅舎と地下道で連絡する三河大野駅。列車が到着するとホームの先に出迎える駅長氏の姿があった。反対側ののりばには行き違いする貨物列車が停車中。牽引機は大正生まれのED17。イギリス、イングリッシュ・エレクトリック社製のED50等に主電動機、制御機器等の換装改造を施工した黎明期の電気機関車である。大正時代から昭和初期にかけては東海道本線や横須賀線、後に中央本線等で活躍した。
◎三河大野　1970（昭和45）年11月5日　撮影：荻原二郎

鳳来寺鉄道が長篠〜三河川合間の鉄道を開業した際に、宇連川の畔に開設した湯谷停留場。同路線の国有化と同時に駅へ昇格し、国鉄の民営化後となった1991（平成3）年に駅名を湯谷温泉と改称した。かつては木造2階建てでL字形の大柄な駅舎があり、2階部分は国鉄職員の寮として供されていた。旧駅舎は2019（令和元）年に解体された。
◎湯谷　1972（昭和47）年6月5日　撮影：荻原二郎

宇連川の畔に佇む駅は霧に包まれていた。霞む視界の向こうからモーター音が響き、小さな電気機関車が牽引する貨物列車がやって来た。ED62形は中央本線、阪和線等で活躍したED61形の改造機。低い線路規格の飯田線で使用するため、軸重の軽減を目的として、車体の中央部に1軸の台車を追加した。◎三河槙原　1982（昭和57）年10月　撮影：山田 亮

朝のひととき。昭和50年代に入って、普通列車に充当されていた戦前派の旧型電車を置き換えた80系が到着すると、ランド
セルを背負った小学生が乗り込んでいった。対向列車のしんがりを務めるのはクモハ54形。戦前には高出力な性能を生かし
て、関西急電の運用に充当された。◎三河槙原　1982(昭和57)年10月　撮影：山田 亮

県民の森へ続く沢沿いの道は豊潤な緑に包まれた散策路。宇連川に架かる橋の上から、川沿いに続く線路を望む。昭和50年代に入ると、クモハ52形等の戦前派電車に代わり、湘南型電車の祖となった80系が普通列車の運用に台頭した。中間車を複数挟んだ編成には、幹線の近郊型電車に似た雰囲気が未だ漂う。◎三河槙原〜柿平　1982 (昭和57) 年12月　撮影：山田 亮

普通列車の運用に就くモハ52
形。隣のホームでは、運転席に通
票を入れるキャリアが覗く列車
が、「豊橋」と同じ行先表示板を
掲出して、発車時刻が迫ってい
るように見える。次列車の発車
時刻までは1時間程もあろうか。
春の日差しを浴びて、貨車に囲ま
れた流電は、山間地でゆったりと
流れる時間を満喫している化の
ようだった。
◎中部天竜
1963（昭和38）年3月20日
撮影：辻阪昭浩

たくさんの貨車が留め置かれた中部天竜駅を後にして、クモハ51を先頭にした普通列車がやって来た。ウインドウシルヘッ
ダーや正面の幌枠に並ぶリベットは、車両が製造された昭和初期の技術、工法に想いを馳せさせた。飯田線に転属した車両
は普通列車の主力となり、119系に置き換えられた1983（昭和58）年まで活躍した。
◎中部天竜　1972（昭和47）年６月６日　撮影：荻原二郎

静岡県内にある飯田線の駅では唯一の有人駅である中部天竜。素朴な佇まいを見せる木造駅舎の傍らにはキオスクの売店が
あった。郵便の取り扱いも行われている様子で、駅が近隣住民の拠り所となっていたことを窺わせる。平成時代には隣接す
る機関区の跡地に、新幹線0系等の車両を展示した「佐久間レールパーク」があった。
◎中部天竜　1970（昭和45）年11月５日　撮影：荻原二郎

中部天竜駅の近くに、三信鉄道の建設時に犠牲となった工事従事者を弔う三信鉄道殉職碑が建立されている。同社が山塊に閉ざされ、交通路の建設には困難を極めた愛知、長野、静岡に跨る県境地域に鉄道を開通させたことで、飯田線は三河地方と信州地方を結ぶ長大路線に成長する大きな足掛かりを得た。◎中部天竜　1972（昭和47）年6月6日　撮影：荻原二郎

ホームと駅舎は長い構内踏切で連絡する。改札口付近にたくさんの小荷物が積まれ、荷物電車の到着を待っている。国鉄時代の駅は旅客貨物輸送両方の要所であり、地域に関わる人とモノが集まっていた。側線に留め置かれた貨車の先頭に立つのはEF10。昭和初期の電化路線で、貨物輸送の主力となった。◎中部天竜　1972（昭和47）年6月6日　撮影：荻原二郎

天竜川に沿って中井侍から小和田駅に向かう三信鉄道の電車。車両は鉄道省払い下げの院電タイプの木造電車であるデ301
形。三信鉄道は鉄橋とトンネルが連続する区間が多く、難工事の末に開業区間を徐々に延ばし、最後の開通区間である大嵐
〜小和田間が1937 (昭和12) 年8月に開業した。これにより三信鉄道の全線が開通し、豊橋〜辰野間が豊川鉄道、鳳来寺鉄道、
三信鉄道、伊那電鉄の4社によって結ばれた。◎水窪付近 1937 (昭和12) 年7月 撮影：朝日新聞社

中部天竜から飯田方に向かって、天竜川を渡った先の佐久間町にある佐久間駅。三信鉄道が中部天竜〜天龍山室（1955年廃止）間を延伸開業した1936（昭和11）年に佐久間水窪口停留場として開業した。1941（昭和16）年2月7日に駅へ昇格し、同年11月15日に佐久間駅と改称した。かつてホーム1面2線を備えていた構内は現在、棒線駅化されている。
◎佐久間　1972（昭和47）年6月5日　撮影：荻原二郎

1955（昭和30）年、佐久間ダム建設に伴い経路変更された区間に水窪駅は開設された。相月駅付近より水窪川を遡ってきた飯田線は、当駅を過ぎて大きく西へ進路を振り、長大な大原トンネル（5,063m）を潜って飯田方への道程を進める。トンネルの先に建つ大嵐駅は天竜川の畔にあり、線路は寄り添って進む川筋を佐久間付近で離れて以来、再び中部屈指の大河へ替える。◎水窪　1972（昭和47）年6月5日　撮影：荻原二郎

静かな山里が点在する三信地区で、飯田線の中核駅と位置づけられる水窪駅。しかし、自家用車の普及等により、平成時代に入って利用客の減少は著しい。無人化された2010（平成22）年以降は1日当たりの平均乗車人員が二桁になった。それでも沿線住民の利便性を見据え、今日まで特急「伊那路」を含む全ての定期列車が停車する。
◎水窪　1972（昭和47）年6月5日　撮影：荻原二郎

四方を高い稜線で囲まれた天竜川畔の小駅。国鉄が赤字解消のために敢行した合理化策の一つとして貨物事業を大幅に縮小するまでは、多くの駅に側線が設けられ、貨車を入れ替える様子等を見ることができた。側線の側には貨物用のホームと上屋が見える。狭い構内には小柄なED19と二軸貨車が良く似合う。◎温田　1972（昭和47）年6月5日　撮影：荻原二郎

三信天竜川橋梁【昭和戦前期】三信鉄道は文字通り三河と信濃を結ぶことを目的とした鉄道会社であり、既に開通していた愛知（三河）側の豊川鉄道、鳳来寺鉄道、長野（信濃）側の伊那電気鉄道と合わせて、現在のJR飯田線の前身となった。天竜川沿いの峡谷を走る路線のため難工事が続き、1929（昭和4）年に始まった工事は、1937（昭和12）年に完成して全通した。これは天竜峡駅付近の橋梁を渡る1両編成の列車を写したものである。所蔵：生田 誠

渓流天竜川を望む小駅には近隣の景勝地を案内する札が立っていた。対向するホームに停まる80系は急行「伊那」。飯田線初の優等列車として名古屋〜辰野間を東海道本線豊橋経由で、1956（昭和31）年に準急として運転を開始した。1966（昭和41）年に急行へ格上げされた。後に4往復体制になった。◎温田　1970（昭和45）年9月　撮影：山田 亮

駅の近くで天竜川を跨ぐ県道沿いに建つ天竜峡駅。路線バスが乗り入れる駅前はさして広くないものの、観光地故に多くの
自家用車がやって来る。広場の周辺には「駐車禁止」と大書きされた注意書きの看板がいくつも立てられていた。昭和40年
代半ばの駅は正面上屋に張られた窓ガラスの一部がなく、若干荒れた雰囲気だった。
◎天竜峡　1970（昭和45）年11月16日　撮影：荻原二郎

紅葉が渓谷を五色に染める行楽期には観光客で賑わう天竜峡駅。急行の停車駅ではあるものの、発着する列車は幹線系の本線に比べると多くはない。駅舎と２、３番のりばがあるホームを結ぶのは、遮断器がない構内踏切のみである。３番のりばは中部天竜方面へ向かう、当駅始発の上り列車専用になっている。◎天竜峡　1970（昭和45）年11月17日　撮影：荻原二郎

乗車した列車は、ホームに人影が散見される駅に近づいた。対向側の線路には、個性的な湘南形の正面窓を備えたクモユニ
81が1両で停まっていた。列車の運転本数が少なく、荷物車や荷物郵便車を普通列車に併結する様子が日常的に見られた飯
田線。しかし、荷物車単独で運転する運用が設定されていた時代もあった。
◎駄科　1970（昭和45）年11月17日　撮影：荻原二郎

飯田駅は輸送の拠点。辰野方面と行き来する急行「こまがね」や快速列車は、多くが当駅を始発、終点としていた。また普通列車にも当駅で滞泊する運用があった。写真では組成前のクハ86が1両で留め置かれていた。貨物輸送が華やかりし頃には貨物専用の発着線があり、二軸貨車やそれに似合う小柄な電気機関車がひしめき合っていた。
◎飯田　1970（昭和45）年11月17日　撮影：荻原二郎

大柄な切妻屋根の駅舎が建っていた昭和40年代半ばの飯田駅。出入口付近の上屋には、切り抜き文字で駅名が掲出されていた。上屋を支える柱の一部は石積みになっていて、やや傾斜が強い屋根と共に山国らしい雰囲気を醸し出していた。駅前には地域の中核都市らしく、客待ちのタクシーが列を成して並んでいた。
◎飯田　1970（昭和45）年11月17日　撮影：荻原二郎

飯田市の北部にある現在の高森町へ大正時代に開設された市田駅。伊那電気鉄道が山吹駅から延伸した路線の終点として開業した。しかし、その僅か5日後に飯田方へ二駅進んだ元善光寺までの区間が延伸開業し当駅は途中駅になった。2011（平成23）年には、リニア中央新幹線の駅を市田〜下市田間に置くことをJR東海が想定していると報道された。
◎市田　1970（昭和45）年11月5日　撮影：荻原二郎

列車交換ができるホーム2面2線の構内配線を備えていた時代の山吹駅。ホーム同士は構内踏切で連絡していた。対向側のホームに入線してきた辰野行き普通列車は三扉車で揃えた旧型国電の4両編成。先頭のクハ68は車体を登場時と同じブドウ色で塗装されている。その反面、運転台周りや扉の窓は、ゴム支持の仕様に更新されていた。
◎山吹　1972（昭和47）年6月5日　撮影：荻原二郎

阪和線の快速運用等で俊足を誇ったモハ53は、1953（昭和28）年に施行された車両形式称号規程改正でクモハ53となった。008番車は張り上げ屋根を更新化で普通屋根に改装されたものの、三扉化等の改造は施されず、飯田線の旧型国電が全廃された最晩年まで、元42系の二扉車であるクハ47等と共に運用された。
◎伊那大島　1970（昭和45）年11月5日　撮影：荻原二郎

昭和40年代には、国鉄の各路線で貨物扱いが未だ盛んだった。二軸貨車が留め置かれた構内で入れ替え作業に勤しむ機関車はED26形。元は飯田線をかたちづくった前身の一つとなった伊那電気鉄道が1929（昭和4）年に導入したデキ20形21。同社の戦時買収、国有化と共に国鉄へ移籍しED33形となり、後にED26形と再改番された。
◎伊那大島　1970（昭和45）年9月　撮影：山田 亮

阪和線の快速列車等で運用されてきたモハ43形は、1953（昭和28）年に改番されてモハ53形となった。昭和30年代に入って飯田線へ普通列車用として転用された。昭和40年代半ばの塗装は緑とオレンジ色の湘南色。008番車は張り上げ仕様であった屋根周りが普通屋根に改造され、外観の個性は希薄になった。
◎伊那大島　1970（昭和45）年9月　撮影：山田 亮

新宿～飯田間を中央本線辰野、飯田線経由で結んでいた急行「赤石」の増発便として1967（昭和42）年から運転を開始した「こまがね」。列車名は飯田線沿線の市である駒ヶ根に由来する。1968（昭和43）年10月の改正では急行「赤石」や急行「天竜」といった新宿発着の飯田線直通急行はこの「こまがね」に整理され、急行形電車の165系や急行形気動車のキハ58系などが充当されてた。◎伊那大島　1970（昭和45）年9月　撮影：山田 亮

天竜峡と新宿、長野を結ぶ運転系統が異なる列車を統合した名称であった急行「天竜」。1961 (昭和36) 年の運転当初は新宿発着便を含めて、キハ58等の急行形気動車が運用に就いた。後に新宿便は80系電車となり、長野便には信越本線等で運用されていた気動車キハ57系が充当された。
◎伊那大島　1970 (昭和45) 年9月　撮影：山田 亮

４両編成の列車は豊橋行。先頭に立つ17m級車のクハ16形が後に続く20m級車に比べて可愛く映る。同車両は大正から昭和期にかけて製造された30系電車のうち、制御車を統合した形式である。1953（昭和28）年に施行された車両形式称号規程改正によりクハ38形、クハ65形をいずれもクハ16形と改番した。◎伊那大島〜山吹　1970（昭和45）年９月　撮影：山田 亮

西陽を浴びてホームにたたずむ荷物合造電車はクハニ67。昭和初期に製造された20m級の車体を載せた3扉車を総称する40系電車に属する。荷物室には幅1,200mmの両開き式引き戸を、左右側面に1か所ずつ設置した。客室部分の扉は普通車と同じ片開きのものを、左右側面に2か所ずつ備える。車内の中程に荷物室と客室の仕切りがあった。
◎飯島　1960（昭和35）年11月20日　撮影：荻原二郎

昭和40年代にはまだ貨物輸送が盛んだった飯田線に、貨物列車の牽引機として飯田線に投入されたED62。1974（昭和49）年から1979（昭和54）年にかけて18両がED61から改造された。3号機はED61 9を改造の種車としている。ED62の機番は元のED61と全く合致していない。◎駒ケ根　1979（昭和54）年11月23日　撮影：荻原二郎

列車から降りてきた人。列車を待つ人で賑わうホームに、数両ばかりの貨車を牽引して、小型の電気機関車がやって来た。
改札口へ向かう人波の中には割烹着姿の婦人が混じり、鉄道が沿線住民の生活に息づいている様子を窺わせる。昭和20年代、
30年代まで都市部の私鉄で身近にあった鉄道情景が、伊那路の街中に残っていた。
◎駒ヶ根　1970（昭和45）年11月5日　撮影：荻原二郎

伊那谷の中程に位置し、市街地から南アルプス、中央アルプスの両山脈を見渡すことができる駒ヶ根市。鉄道駅が設置され
たのは、伊那電車軌道（後の伊那電気鉄道）が宮田から路線を延伸開業した1914（大正3）年。当初の駅名は赤穂（あかほ）。
昭和20年代に開業した赤穂線の播州赤穂駅は、当駅との重複を避けるために旧国名を駅名に冠したといわれる。
◎駒ヶ根　1970（昭和45）年11月5日　撮影：荻原二郎

建物の影が車体に影を落とす構内で発車を待つED19。元ED53で電装部分をアメリカ、ウェスチングハウス・エレクトリック社。機械部分をボールドウィーン社で製造し、大正末期に輸入された。当初の形式は6010形。東海道本線で使用された後、直流電化された仙山線へ転属するにあたり、歯車比変更等の改造を受けてED19になった。
◎駒ヶ根　1970（昭和45）年11月5日　撮影：荻原二郎

稜線が霧に霞む秀峰を車窓に見て、クモハ53とクハ68の２両編成の普通列車がのんびりと橋梁を渡る。クモハ53008は第二次世界大戦前に、阪和線の快速列車用として増備されたクモハ52系列の電動制御車。新製時には側面と一体感が強い張り上げ仕様だった屋根は、後の更新化時に普通屋根に改装された。
◎大田切〜宮田
1979（昭和54）年11月23日
撮影：荻原二郎

駒ヶ根駅に停車する駅と同名の急行「こまがね」。昭和40年代の半ばには、中央本線経由で新宿と駒ヶ根、飯田、天竜峡を結ぶ急行として４往復が設定されていた。それらのうち、駒ヶ根を始発、終点とする列車は、新宿を午後10時台に発車する夜行便と、駒ヶ根を午後３時前に発車する上り列車の１往復だった。◎駒ヶ根　1970（昭和45）年11月16日　撮影：荻原二郎

駒ヶ根駅の駅舎。◎1957（昭和32）年　提供：駒ヶ根市立博物館

駒ヶ根駅の駅舎。◎1970（昭和45）年　提供：駒ヶ根市立博物館

大田切駅付近。◎1954（昭和29）年　提供：駒ヶ根市立博物館

「赤穂駅」だった時代の駒ヶ根駅構内。◎1954（昭和29）年　提供：駒ヶ根市立博物館

梅雨入りを控えて草いきれにむせ返る大田切川を渡る、荷物電車を含んだ４両編成の普通列車。先頭のクモニ81は長距離運
用へ頻繁に充当されているのか、おでこ周り等がかなり風雪にさらされたような表情になっていた。正面テールランプの側
には1973（昭和48）年年６月に浜松工場で全般検査を受けた旨を表した記載があった。
◎大田切　1974（昭和49）年６月10日　撮影：荻原二郎

ガラス戸が多用された壁面が目立つ伊那市駅舎。建物は1952（昭和27）年に改築された。駅舎の意匠と合わせるかのように、隣接する公衆電話ボックスも壁面に透明素材を用いた設えとなっていた。出入口の側に臨時急行「こまがね」の運転を告知する立て看板がある。看板の上部には「新宿直通」と記されていた。現在は正面玄関付近に大柄な上屋が被さる。
◎伊那市駅
1970（昭和45）年11月2日
撮影：荻原二郎

ブドウ色の塗装で運用に就くクモハ54。昭和初期としては高出力な主電動機を装備した電動制御車は加速性能に優れ、飯田線に転用後も伊那谷の街を結ぶ普通列車運用で重宝された。三扉の仕様も輸送量が小さく、駅間距離が短い区間が連続して利用客が頻繁に乗り降りする同路線に適していた。◎宮田　1970（昭和45）年11月5日　撮影：荻原二郎

伊那市街地で小沢川を渡るクモハ52。正面の行先表示に札は入っていなかった。昭和30年代に活躍の場を関西地区から飯田線に移した流電は当初、全区間を走破する快速運用等に充当された。しかし、伊那松島機関区から豊橋機関区に転属してからは、中部天竜以南となる豊橋口での運用が多くなっていた。
◎伊那北〜伊那市　1970（昭和45）年11月2日　撮影：荻原二郎

運転路線が非電化の内に設定された中央本線系統の急行「アルプス」等は当初、キハ58等の気動車で運行を始めた。篠ノ井
線等の電化進展に伴い、車両は電車に置き換えられていった。しかし、飯田線直通の便には長く気動車が充当され、山陽新幹
線の博多開業で、列車の運行形態が全国的に見直された1975（昭和50）年３月10日のダイヤ改正まで運転された。
◎伊那市　1970（昭和45）年11月５日　撮影：荻原二郎

『伊那市史』に登場する飯田線 （市史より抜粋）

飯田線の全通と発達

国鉄飯田線は、東海道本線の豊橋を起点として、中央線辰野に至る延長196キロメートルの線区である。この飯田線も元は豊川鉄道、鳳来寺鉄道、三信鉄道、伊那電気鉄道の4私鉄によって結ばれていた地方鉄道であったが、第2次世界大戦中の昭和18（1943）年8月1日、当時の鉄道省（現在の日本国有鉄道）が買収して現在に至っている。

豊川鉄道（株）は飯田線の中では最古の鉄道で、明治29（1896）年2月、資本金40万円で豊橋町礼木に設立された。当初長篠～大海間の免許だったのを、明治31年に現在の豊橋（当時の吉田町）から新城間を開通した。吉田～大海間の全通は明治33（1900）年9月である。開通当時は蒸気機関車と客車と貨車の3輛連結の混合列車であった。

豊川鉄道の終点長篠（現在の大海）から三輪村大字川合までの鉄道が目的で、大正9（1920）年5月、豊川鉄道の株主が集まって資本金130万円の鳳来寺鉄道を作った。これは大正12年2月の開通である。

大正15（1926）年に三河と信濃を結ぶ鉄道建設を目的に「三信鉄道期成同盟会」が結成され、資本金1000万円で免許申請まで漕ぎつけた。当時既に天竜川電力株式会社が、川路から泰阜村へ鉄道建設をすることになっていた。そこで両者が協定し、天竜川電力（株）が手を引いて昭和2年7月に免許状下付、12月三信鉄道創立総会が開かれて、昭和4年着工、昭和11（1936）年12月開通した。トンネル171、鉄橋97か所でこれは全線工事の5割に当るという難関工事だった。川合～天竜峡間の全通によって中央線と東海道線が結ばれたわけだが、架線電圧が伊那電1200ボルト、他の会社は1500ボルトだったので、付随車だけが直通運転となったのである。もともと伊那電気鉄道は辰野～飯田間の鉄道敷設を目的としていたので、飯田以南の天竜峡～飯田間には資本金80万円の飯田電気鉄道が免許申請をとって始めた。が、大正13年にこの会社が伊那電に合併になったので、伊那電の手によって昭和2年12月天竜峡まで全通しているのである。

国鉄中央線が西に延びてきて、辰野駅の開通が明治39（1906）年6月11日。伊那電車の着工が翌明治40年10月27日。伊那電鉄が辰野から飯田まで開通したのが、大正12（1923）年8月3日であるが、翌々14年の5月、伊那電鉄はこの開通を祝って『開通記念帖』を頒布している。

伊那電鉄は本店を東京市京橋区新富町6丁目11番地に置き、支店を赤穂村に設けた。大正3年1月からは発電所を設けて電灯事業の兼営を始め、その後定款の営業目的に他の業務を営むことをうたい、資本金を増し、路線の改良拡大につとめ、大正12年8月3日、ついに地元住民期待のうちに飯田までの開通を見るに至ったのである。その後昭和11年の三信鉄道開通によって東海道線と中央線が結ばれはしたものの、運賃が高く、国営移管運動の火の手が飯田に上がった。昭和14（1939）年4月、飯田市長を会長とする「4鉄道国営促進下伊那郡期成同盟会」が結成され、その年の10月松本市長が鉄道省に国営移管の陳情を行っている。

伊那電鉄や三信鉄道の運賃は他に比べて高い。そのため国営移管運動は伊那全地方に広がり、ついに上伊那にも移管期成同盟の結成をみるに至った。そして、昭和15年5月には国営移管のための実行委員が選出されるようになった。さらにこの運動は遠州、三河にも及んで、期成同盟運動の一本化がなされ、昭和17年12月の鉄道会議には買収案が政府から諮問されることになった。帝国議会の協賛を得たのが同月26日からの第81回の議会で、4鉄道買収価格がその後算出された。昭和18年8月1日から国鉄「飯田線」として出発することになったのである。辰野から豊橋までを一挙に国有化して輸送の強化を図ったのだからまさに画期的で、全線が電化されているから、当時鉄道省が保有している最長の電車運転線区となった。

飯田線の苦悩

飯田線は重畳たる山岳地帯を走るために、トンネル、橋梁などの多いことでも有名である。殊にトンネルの大部分は愛知・静岡・長野の県境が接する山岳地帯で、総数146、総延長3万5358メートルとなり、全線の18.1パーセントを占め、殊に湯谷～天竜峡間では実に44パーセントがトンネルという驚くべき実態である。しかし、飯田以北には上郷トンネル（約85メートル）だけで伊那市周辺には皆無である。

また橋梁も、架道橋・跨線道路橋・開渠などを除いて河川に架る橋梁のみでも約140、総延長約6430メートルで全線の3.3パーセントを占めている。伊那市内の橋梁は、赤木～沢渡間に藤沢川（27メートル）と第1猪沢川（3メートル）の橋梁、続いて沢渡～下島間の犬田切、これは18メートル、下島～伊那市間には戸沢川（6メートル）小黒川（31.7メートル）、伊那市～伊那北間には小沢川鉄橋の21.8メートルがある。

飯田線の発達を支えてきた中に災害とのたたかいがある。峻険な山岳路線は風水害との戦いを

余儀なくされる。飯田線発展の中でこの歴史を見逃すことはできない。特に飯田以南は災害路線と言っても過言ではない。幸いにして飯田以北、特に上伊那地方は比較的広範な地域で危険箇所は少なく、飯田線としては最も恵まれた地区である。しかし、昭和36（1961）年6月伊那谷を襲った集中豪雨は正に未曽有の大災害で、飯田線だけでも路盤の欠潰流失は31件、土砂崩壊29か所、線路の浸水埋没3か所、その他を合計すると実に135件にも上る大災害を被ったのである。伊那市内では伊那市駅〜伊那北間で土砂の押出し、浸水があり、伊那北駅北方150メートルに線路浸水があった。ここは沢の川の中溝川への入口で押出しといい、豪雨のたびに土砂を押し出し、軌道を乗り越えていた。6月26日以降6日間の降雨量とそれに対する飯田線の対処を表示しておく。下伊那地方は至るところ堤防欠潰・護岸欠壊・隧道亀裂・路盤沈下・橋梁駅舎の埋没・暗渠埋没・法面欠壊・橋梁傾斜・道床流失等々惨澹たるものだったが、記述は略す。豪雨の度に災害を被ってきた伊那北駅構内及び北方約150メートル区間も、その後中溝川等河川の改修が進むにつれて浸水はなくなってきた。

上伊那地方の飯田線には、冬期間の1月〜3月にかけて、軌道に凍上現象を発生することがある。凍上というのは霜柱によって道床やレールが持ち上げられることで、陽の当たらない雪の吹き溜りに発生しやすく、枕木より6センチもレールが持ち上げられる。逆に融けて路線が下る時は脱線転覆の危険が伴うので、保線区員は大変である。昭和48年にはそのための被害も大きかった。また、昭和44年1月29日には伊那北〜伊那市間の架線が雨氷のため凍結し、スパークして一時運転を不能にしたという事故もあった。災害事故の多い飯田線では、36年のような災害時には防災等に意外な力も発揮して列車災害・人命損傷を確実に防禦している力強さも持っている。

高遠電車の計画

明治時代から政治・経済・文化の中心がだんだん高遠から伊那に移ってくる。そして、大正時代に入ると名実共に上伊那の中心は伊那町になって高遠は辺境の町と化していく。バス交通が大正6年に始まって伊那〜高遠間を走るが、バス交通も中心は狭隘な高遠から漸次広々とした伊那へ移っていく。

バス交通の始まる前は交通の便は専ら馬車や人力車に頼っていたのに、明治の末、伊那電車が辰野から伊那を通過して南に走ることが現実になってくると、取り残されていく高遠町としてはこれを看過し得ない。なんとかして伊那からの電車交通を高遠まで乗り入れ、中心的な町としての旧来の誇りを維持し発展させていきたい。高遠人のこの願望は至極当然であろう。これが大正8（1919）年ごろからの高遠電車計画の台頭である。高遠町出身の県会議員黒河内一太郎を中心として計画は推し進められ、大正10（1921）年1月には資本金40万円の高遠電気鉄道株式会社の設立をみるに至った。社長は黒河内一太郎である。伊那〜高遠間の交通は1日5〜6回の乗合馬車が、伊那自動車（株）の6人乗りのバスと競合していた時代だから、20人も乗れる大量輸送機関の電車に寄せる夢は大きかった。伊那〜高遠間の軌道敷設は、さらにそれを延長して諏訪富士見方面へ、南進しては南アルプス森林資源の開発に欠くべからざるものとの抱負をもっていた。

電車軌道を敷設するためには条令によって規定の道路敷が必要である。伊那電気鉄道も当初は宮木から羽場西方まで道路を改修してその片側を軌線に利用した。伊那〜高遠間には急坂（市坂）があってそれができない。古町（現在の中央区）の新道を延長して段丘の下を大島へ直行し、芦沢へ上げて高遠へ結ぶ道路計画は既に県道の改修計画として出来上っていたので、それを2間幅の道路にして片側1間に軌道を設けようとしたのである。ところが反対運動があって、上川手から段丘を削りとって斜めに下県、中県地籍を上って上段に出る計画に変更して、中心部に出てから南割、芦沢を経て高遠までということになった。もう1つの難所は鉾持桟道の改修であるが、これは旧道を4メートル下に切りくずして現在の位置に改修することとなった。この道路は現在見られるように曲折も少なく、今なお十分軌道計画の面影を偲ぶことができる。大正14（1925）年には最難関の鉾持桟道も完成しており、電車計画も着々進捗していたのであるが、翌15年に中心人物の黒河内一太郎が死亡し、既に自動車交通が発達してバスの運行回数も増え、将来に対する見通しを失って、高遠電気鉄道株式会社はついに解散してしまった。

伊那北駅の東側を起点として天竜川にむかい、現在の二条橋のやや下で天竜川を渡り、古町の新道（現在の県道）に出てほぼ一直線に中県までむかい、段丘を上って高遠に結ぶこの電車計画はついに実現を見なかった。が、その後この幅の広い道路改修は進み、昭和29（1954）年、伊那の方からの舗装工事も行われ、昭和35（1960）年には全面舗装、現在見るような立派な近代的幹線道路となって、伊那と高遠を結んでいるのである。

伊那市駅の辰野方にある伊那北駅。両駅
間の沿線に市街地が続いている。2面あ
るホームは、伊那市駅方に設置された構
内踏切で連絡している。昭和40年代には、
構内踏切に遮断機や警報機等は設置され
ていなかった様子だ。写真左手の遮断機
は、構内踏切の外側にある改札外の踏切
に設置されているものである。
◎伊那北
1970（昭和45）年11月2日
撮影：荻原二郎

上屋部分と一体化しているように建てられたホーム上の待合室。石積みの様子が分かるホームの側壁と共に、長い歴史を持つ駅であることを窺わせる。枝垂れた葉が揺れる笹藪も遠い日に想いを馳せさせる風情を演出している。伊那北駅は伊那電車軌道（伊那電気鉄道）が1912（明治45）年1月4日に御園（現在廃止）から延伸した区間の終点として開業した。
◎伊那北
1974（昭和49）年6月10日
撮影：荻原二郎

両側面に2か所ずつ設置された両開き扉が、武骨な雰囲気を醸し出していた。クハユニ56は、51系電車の荷物合造車モハニ67、クハニ67を荷物郵便合造車に改造した車両である。飯田線に残っていた元社型の旧型車を置き換えた。改造は1951（昭和26）年から翌年にかけて、国鉄浜松工場の一部施設であった豊川分工場で施工された。
◎北殿
1970（昭和45）年11月5日
撮影：荻原二郎

沿線は清秋の装いを見せ始めていたが、線路際にはまだ稲わらが樽木に掛けられて天日干しされていた。機関区がある伊那松島駅に到着した列車の先頭に立つ電動制御車はクモハ43。昭和初期に電化が進展していた関西地区の東海道本線に速達便用として投入された。乗降扉が2か所に設置され、停車駅の数が少ない急行用であった経歴を窺わせていた。
◎伊那松島　1970（昭和45）年11月5日　撮影：荻原二郎

辰野町内にある羽場駅。平成時代まで健在だった木造駅舎は、時には積雪に見舞われる寒冷地らしく、屋根がスレート葺きになっていた。飯田線の終点である辰野駅から3つ目の駅である。隣駅の伊那新町までは1.8km。沢までは1.9kmの駅間距離である。伊那谷の近隣地域を結ぶ鉄道として私鉄で誕生した飯田線の北部区間における駅間距離は短いものが多い。
◎羽場　1974（昭和49）年6月9日　撮影：荻原二郎

早苗がなびく田園地帯の中にED18
牽引の貨物列車がやって来た。二軸
の有蓋貨車に加え、タンク車やコン
クリート製と思しき柱を搭載した長
物車と多様な種類の貨車を連結した
編成から、コンテナ車等を連ねた現
在主流の専用貨物列車とは一線を画
した、昭和中期ののどかな雰囲気が
伝わってくる。
◎羽場
1974（昭和49）年6月9日
撮影：荻原二郎

東方に延びる、なだらかな稜線を遠望す
るホームに停車する電車はクモハ54。関
西地区の東海道緩行線用として、1937
（昭和12）年から1941（昭和16）年にか
けてモハ54として製造された、51系に属
する片運転台の電動制御車である。主電
動機には先に登場したモハ51（後のクモ
ハ51）よりも、高出力な新型を採用した。
昭和30年代に入り、一部が飯田線に転属
した。
◎辰野
1970（昭和45）年11月2日
撮影：荻原二郎

駅舎の中に明かりが灯った夕暮れ時の辰野駅。キヨスクの売店は、建物の外に設置されていた。駅前の西側には市街地へ延びる通りが続いているが、周辺の人通りはまばらな様子でタクシーが一台、手持無沙汰で客待ちをしていた。駅舎に隣接した公衆電話ボックスは窓の小さい、昭和中期らしい形である。
◎辰野駅
1970（昭和45）年11月1日
撮影：荻原二郎

『辰野町史』に登場する飯田線 (市史より抜粋)

伊那谷住民の願い

東西を険しい山々に遮られて生活していた20余万の上下伊那住民は、伊那電気鉄道が敷設されるまで物資の輸送は、主として運送馬車にたよって来た。国内に鉄道の敷設が進むと、これに刺激されて伊那谷の文化や経済の発展のために、鉄道敷設の必要性が大きく叫ばれた。明治25年政府が中央鉄道敷設計画を議会に発議したことを契機に、伊那谷の鉄道誘致の運動は高まり、上下伊那の先覚者たちは奔走した。

同27年第6帝国議会で木曽線の採用がきまり、伊那谷への鉄道誘致は敗北に終わってしまったが、誘致に熱心な先覚者たちは、その善後策として電気鉄道の敷設を計画した。伊那谷住民の鉄道敷設への願いは、特許状を取得してから公にされた伊那電車鉄道敷設趣旨書から知ることができるが、これを要約すると次のようである。

伊那谷は地味がよく米・麦・蚕糸等の生産が豊かで、年間400万円の生産をあげ、また綿・塩・石油等の生活必需品を400万円以上も購入している。しかし、回りを険しい山々で囲まれていて、物資の輸出入には大変不便であった。そこで将来伊那谷を縦貫する鉄道が敷設されると、関東や東海をはじめ中北信地方との交通は便利となり、農産物の増産をはじめ、商取引きも活発となる。また良質の蚕糸も市場取引きが有利となり、これらと共に伊那谷は信州の一大工業地帯としても発展することが期待できる。

このような考えで下伊那及び上伊那中南部の住民は、鉄道敷設による伊那谷の発展に大きな期待を寄せていたが、辰野では伊那電の開通は土地の繁栄を損うものと考え積極的な働きはなかった。

伊那電気鉄道の開通

伊那電気鉄道敷設の運動は、前に述べたように、木曽線の採用が決ってから急速に高まった。この運動は明治28年に飯田町出身の伊原五郎兵衛が中心となって伊那富村辰野から飯田町までの約40マイル（約64キロメートル）の敷設が計画され、設立趣意書等を作成して、同年12月内務大臣野村靖宛に提出した。

特許状を得た30年前後は日清戦争の直後で、経済界は不況のために株式の募集は困難を極め募集延期の止むなきに至り、その後39年、経済界の好転をまって株式の募集に着手した。しかし、地域住民の理解が得られず、株式募集は非常に困難で、勧誘の中心となった伊原五郎兵衛の毎日腰弁で自ら町村を巡回歴訪した話は有名である。

このようにして40年8月第1回の株式払い込みを完了し、9月ようやく資本金150万円で伊那電車鉄道株式会社が設立され、社長に辻信次が就任した。なお、創立当初の株保有状況をみると、地元長野県の株主は多かったが、株の保有については全体の3分の1弱であって、多くを県外の株主によって占められていた。

明治41年9月第1期工事の用地買収を行い、軌道工事に着手したが、株式に最も深く関係していた扶桑銀行が破綻したため、解散論もでるなど事業の進展は困難を極めた。こうした窮状を克服して、42年12月28日には辰野伊那松島間が開通し営業が開始された。

開通当時の状況

初期の軌道は軌道条例により、公道の片側一間幅を線路として使用したが、伊那富村においても概ね三州街道上に敷設された。

起点は下辰野の西町駅で、伊那富橋のすぐ上流を木橋で横川川を越え、現辰野警察署の前に出て、現宮木郵便局の前まで道の右側を西へ進んだ。今日の宮木東町は商店が軒を連ねているが、当時は辰野駅開通にあわせて開けた新道で、人家も少なく、ようやく荷車が通れるほどの狭い道幅だったが、これは拡幅して軌道を敷設した。現宮木郵便局のところに宮木の停車場があり、ここから宮木仲町の街道西側を南へ進み、新道天狗坂を登り新町へ入った。宮木仲町では民家の庭を3尺ほど削って敷設したという。新町に入って、軌道は街道の東側に移り、街並の中程に新町の停車場、神戸登り口の鳥居沢橋に神戸下の停車場があった。軌道はここから街道の西側へ渡り、まつくぼの谷を西へ迂回し現在残る旧道を通って北の沢川を越え、これより街道を東にそれ民家の間を抜けて、沢上で再び三州街道添いにでた。羽場の停車場は現国道から今の羽場駅に通ずる道路上にあった。

明治42年、辰野－伊那松島間が開通したときの運賃は12銭であったが、当時の物価からみると相当高いものであった。

このように、今からみると全く呑気な時代であり、また馬車等と動力源が根本的に異なる電車に接した当時の人々の驚嘆振りを偲ぶことができる。

なお、伊那電気鉄道は明治40年の創立当時は伊那電車鉄道株式会社として発足したが、大正8年伊那電気鉄道株式会社と改称し、通称伊那電と呼ばれていた。

盛んになった運送業

辰野駅が開設されてから駅で扱う貨物の発着数量は、1日平均100トンに近い大変な量であった。伊那電気鉄道が全通するまでは、上下伊那の貨物輸送はすべて運送馬車に頼らねばならず、辰野駅前には各地から運送馬車が集まり、貨物を捌くための運送業は急激に発達して、当時全国でもまれに見る程の活況を呈した。

第1次世界大戦が連合国側の勝利に終わると、国内の景気も向上して、各種産業も著しく発達した。岡谷を初めとして、下辰野や宮木・小野における製糸業もこの時期にその全盛期を迎え、繭・肥料・機械類をはじめ、薪や石炭・米・塩等から日用品や雑貨にいたるまで、あらゆる物資の輸送が鉄道を通して行われた。

このように大量の貨物によって辰野の運送業者は繁栄したが、一方では貨物が多すぎて滞貨がふえ、荷主が迷惑する事態が発生した。そこで、上下伊那の運送業者をはじめ一般の人々は、辰野での滞貨の状態の打開を図ることを要望し、伊那電でも貨物輸送の改善を順次図っていった。大正6年9月より中央線と伊那電の旅客と手小荷物の連結運輸が開始され、続いて同13年2月貨車の直接輸送がはじめられた。これを契機に下辰野の運送店は次第に減少をはじめ、盛況を極めていた運輸業者にも陰りが見え始めてきた。

中央線との接続

伊那電気鉄道は着工以来10数年を経た大正12年8月3日、ようやく飯田まで開通した。

しかし輸送能力が低く、辰野に貨物が滞貨し、下伊那をはじめ沿線住民の苦情が絶えなかった。

大正12年には辰野―伊那町間が現飯田線の路線に変更改良された。また電車はポール式からパンタグラフ式に変わり、牽引力増強のために105馬力電車モートルとした。発電所も下伊那松川と太田切川にそれぞれ1か所増設し、今までの600ボルトから1200ボルトにパワーを上げ輸送力の増強とスピードアップを計った。

接続問題については、伊那電気鉄道開通以前の明治42年に会社と下辰野総代との間に示談書が交わされており、辰野駅までの路線の延長については話がついていたかに見えたが、接続問題が実現すれば下辰野の繁栄は一挙にして奪われるとして、運送店や旅館等の関係者を中心に一丸となって反対した。特に馬夫組合の反対は強く、妨害や脅迫もあって騒然たるものであったという。このように接続問題は困難をきわめ、社会的問題に発展した。

こうした問題を解決するために、上伊那郡長が会社代表と運送店所轄の警察署長を郡役所に集め、救済策を協議したり、郡長と伊那富村長が仲裁に入り、会社代表と下辰野耕地総代との数回にわたる折衝の結果、ようやく接続問題が解決した。そして大正6年9月、中央線辰野駅に接する用地に伊那電気鉄道辰野駅を開業し、同13年2月21日より貨物の連絡輸送が開始されるようになった。

引込線の解決により運送業は急激に衰退し、また、これに依存していた旅館や花柳界も同じ運命をたどっていった。一方接続により旅客の便はよくなり、物資の移動も迅速かつ容易に行われるようになって、沿線各地が受ける恩恵は大きくなった。

国鉄移管

伊那谷住民の足として、また地域の経済発展に重要な役割を果してきた伊那電も、昭和に入り戦時体制が強化されてくると、軍需物資輸送の一役を担うようになった。また、沿線町村においても輸送量の増強のため国鉄移管の運動が進められ、上伊那町村会でも地方産業発展のために、辰野豊橋間の私鉄4社線を統合し、国鉄に移管することの重要性が検討された。政府においては、こうした地元の声や第2次大戦の方針に基づいて、昭和18年8月1日第81帝国議会で国鉄移管を決定した。そして、伊那電気鉄道・三信鉄道・鳳来寺鉄道・豊川鉄道の私鉄4社線を買収し、国鉄「飯田線」として出発した。引継いだ当時、これら4社線は何れも貧弱な地方線であり、国鉄基準に適合するものではなかったが、その後10年を費して架線・レール・橋梁等の取替え、線路や駅舎の新設改修がすすめられた。辰野駅においても、25年3月25日より飯田線改札口を閉鎖し、旅客が中央線のホームと直接行き来できるように改善された。

これと同時に輸送力の増強とスピード化をはかり、同27年5月より快速電車、36年からは準急電車も運行され、伊那谷と県都長野を乗り替えなしで往復できるように、急行「天竜」も運行をはじめた。37年には、中央線全線電化と関連して、上諏訪―大垣間に準急行「いな」が運行されることになったが、辰野では乗り替え客が減るために、余り歓迎はされなかった。

更に飯田線は岡谷、上諏訪、茅野まで乗り入れることになり、43年には、新宿と天竜峡間に、首都圏と伊那谷を直接結ぶ急行「こまがね」も運行されるようになった。

このように、国鉄は輸送の迅速化と増強のために、飯田線の中央東線への乗り入れが計られ、辰野駅は通過駅となってしまったが、時代の推移からすれば止むを得ないことであった。

飯田線の年表

1897（明治30）年7月15日	豊川鉄道が豊橋～豊川間を開業。牛久保駅が開業する。
1897（明治30）年7月22日	豊川～一ノ宮（現・三河一宮）間が延伸開業する。
1898（明治31）年4月25日	一ノ宮～新城間が延伸開業する。
1899（明治32）年12月11日	東海道本線と共用していた豊橋駅の一部を分離し、豊川鉄道吉田駅を新設する。
1900（明治33）年9月23日	新城～大海（長篠を経て現・大海）間が開業し、豊川鉄道が全通する。
1900（明治33）年11月7日	吉田～船町（初代。貨物駅）を結ぶ豊川鉄道の貨物支線（船町支線）が開業する。
1909（明治42）年12月28日	伊那電車軌道が辰野（後の西町駅）～松島（現・伊那松島）間を開業する。
1911（明治44）年2月22日	松島～木ノ下間が延伸開業する。
1911（明治44）年11月3日	木ノ下～御園（後に廃止）間が延伸開業する。
1912（明治45）年1月4日	御園～伊那北間が延伸開業する。
1912（明治45）年5月14日	伊那北～伊那町（現・伊那市）間が延伸開業する。
1912（明治45）年6月12日	伊那電車軌道が敷設する予定の伊那町～飯田町間を軽便鉄道に指定。以後は鉄道線として敷設する。
1913（大正2）年12月27日	伊那町～宮田間が延伸開業する。
1914（大正3）年10月31日	宮田～赤穂（現・駒ケ根）間が延伸開業する。
1914（大正3）年12月26日	赤穂～伊那福岡間が延伸開業する。
1916（大正5）年11月23日	伊那電車軌道の辰野駅を西町駅（初代）に改称。中央本線辰野駅まで延伸して乗り入れる。
1918（大正7）年2月11日	伊那福岡～飯島間が延伸開業する。
1918（大正7）年7月23日	飯島～七久保間が延伸開業する。
1918（大正7）年12月12日	七久保～高遠原間が延伸開業する。
1919（大正8）年8月20日	伊那電車軌道が伊那電気鉄道に社名変更する。
1920（大正9）年6月1日	伊那電気鉄道、ボギー電動客車3台を導入する。
1920（大正9）年11月22日	高遠原～上片桐間が延伸開業する。
1922（大正11）年7月13日	上片桐～伊那大島間が延伸開業する。
1923（大正12）年1月15日	伊那大島～山吹間が延伸開業する。
1923（大正12）年2月1日	鳳来寺鉄道が長篠（現・大海）～三河川合間を開業し全通。鳥居、鳳来寺（鳳来寺口を経て現・本長篠）、三河大野、湯谷（現・湯谷温泉）、三河槻原の各駅が開業する。
1923（大正12）年3月13日	山吹～市田間が延伸開業する。
1923（大正12）年3月16日	軌道線だった伊那電気鉄道の辰野～松島間に鉄道線の新線を敷設し経路変更。松島駅を伊那松島駅に改称する。
1923（大正12）年3月18日	市田～元善光寺間が延伸開業する。
1923（大正12）年8月3日	元善光寺～飯田間が延伸開業する。
1923（大正12）年12月1日	伊那松島～伊那町間を軌道から鉄道に変更する。
1924（大正13）年4月1日	長篠古城趾駅（現・長篠城）開業する。
1924（大正13）年6月25日	伊那電気鉄道が飯田電気鉄道（未開業）を合併する。
1925（大正14）年1月10日	伊那電気鉄道、架線電圧を600Vから1200Vに昇圧する。
1925（大正14）年7月28日	豊川鉄道・鳳来寺鉄道の吉田～三河川合間が電化（1500V）する。
1926（大正15）年4月2日	豊川鉄道の小坂井～豊川間が複線化する。
1926（大正15）年12月17日	飯田～伊那八幡間が延伸開業する。
1927（昭和2）年2月5日	伊那八幡～毛賀終点（現・毛賀）間が延伸開業する。
1927（昭和2）年4月8日	毛賀～駄科間が延伸開業する。
1927（昭和2）年6月1日	愛知電気鉄道が豊川鉄道の平井信号所～吉田間に乗り入れ、伊奈～吉田間の単線を開業。新船町駅（現・船町駅）開業する。
1927（昭和2）年12月26日	駄科～天竜峡間が延伸開業し、伊那電気鉄道が全通する。
1929（昭和4）年5月5日	柿平駅が開業する。
1929（昭和4）年5月22日	鳳来寺鉄道の鳳来寺駅を鳳来寺口駅に改称。田口鉄道が鳳来寺口～三河海老間を開業する。
1929（昭和4）年8月15日	三信鉄道が温田～天竜峡間の工事に着手する。
1930（昭和5）年7月28日	三信鉄道の建設工事現場で、賃金不払いに端を発する朝鮮人労働者数百名による労働争議が発生する。
1932（昭和7）年10月30日	三信鉄道の天竜峡～門口間が開業。千代、金野、唐笠の各駅が開業する。
1933（昭和8）年12月21日	三河川合～三輪村（三信三輪を経て、現・東栄）間が開業する。
1934（昭和9）年11月11日	三信三輪～佐久間（現・中部天竜）間が開業。出馬、浦川、下川合の各駅が開業する。
1935（昭和10）年5月24日	佐久間駅を中部天竜駅に改称する。
1935（昭和10）年11月15日	門島～温田間が開業。田本駅が開業する。
1936（昭和11）年4月26日	温田～満島（現・平岡）間が開業。我科駅（後に廃止）開業する。
1936（昭和11）年11月2日	池場駅が開業する。
1936（昭和11）年11月10日	中部天竜～天竜山室（後に廃止）間が開業。佐久間水窪口（現・佐久間）駅、豊根口（後に廃止）駅が開業する。
1936（昭和11）年12月29日	天竜山室～大嵐間が開業。白神駅（後に廃止）開業する。
1936（昭和11）年12月30日	満島～小和田間が開業。鶯巣、伊那小沢、中井侍の各駅が開業する。
1937（昭和12）年8月20日	大嵐～小和田間が開業して三信鉄道が全通。同時に吉田～辰野間が全通する。
1942（昭和17）年5月12日	豊川鉄道の西豊川支線（豊川～西豊川間）開業する。
1943（昭和18）年8月1日	豊川鉄道・鳳来寺鉄道・三信鉄道・伊那電気鉄道が同時買収され国有化、飯田線となる。吉田駅、船町駅、船町支線（豊橋～船町）を豊橋駅構内に統合。次の各駅を廃止（柿平、池場、三信上市場、早瀬、我科、開善寺前、高遠原、伊那赤坂、大田切、入舟、西町）。
1945（昭和20）年2月17日	三河槻原～三河川合間（中間の柿平駅は当時休止中）で電車転落事故が発生する。
1946（昭和21）年9月1日	高遠原駅、大田切駅が再開業する。
1949（昭和24）年9月15日	天竜峡以北と直通運転が開始する。
1950（昭和25）年3月30日	初の民衆駅として豊橋駅が竣工する。
1951（昭和26）年7月15日	下川合～中部天竜間で土砂崩壊が起き、電車代行運転中の国鉄バスが天竜川に転落する。
1951（昭和26）年8月1日	平岡ダム建設のため満島～為栗間経路変更（改キロなし）。同区間の遠山口駅を廃止する。
1951（昭和26）年10月12日	三河川合～池場間の亀淵トンネル内で電車3両全焼する。

1951（昭和26）年10月30日	横須賀線より32系車両転入。クハ58形が飯田線最初の20m車両となる。
1951（昭和26）年11月1日	飯田線最後の旅客営業用木造国電のモハ10形など木造国電の多くが引退する。
1951（昭和26）年11月15日	郵便逓送にクハユニ56形を投入する。
1952（昭和27）年5月15日	快速電車の運転を開始する。
1952（昭和27）年6月25日	豊川鉄道・鳳来寺鉄道から引き継いだ車両がすべて引退する。
1954（昭和29）年1月12日	佐久間ダム建設に伴う、佐久間〜大嵐間の経路変更工事の起工式を中部天竜で挙行する。
1954（昭和29）年12月25日	名古屋鉄道の伊奈〜豊川間乗り入れを廃止する。
1955（昭和30）年1月20日	田本〜門島間の大表沢橋梁から車両が転落する。
1955（昭和30）年4月15日	天竜峡〜辰野間の架線電圧を1200Vから1500Vに昇圧。全区間が1500Vになる。
1955（昭和30）年11月11日	佐久間ダム建設のため佐久間〜天竜山室〜大嵐間の旧線を廃止。佐久間〜水窪〜大嵐間の新線が開業する。
1956（昭和31）年1月1日	正月の間のみ東海道本線の普通列車が豊川まで乗り入れる。
1956（昭和31）年9月4日	小和田〜中井侍間で路盤が崩壊し不通になる。
1956（昭和31）年9月15日	西豊川支線豊川〜西豊川間が廃止になる。
1956（昭和31）年10月1日	豊橋鉄道が田口鉄道を合併、同社の田口線となる。
1956（昭和31）年10月15日	佐久間ダムが竣工する。
1957（昭和32）年4月8日	モハ52形が転属、翌年から快速列車に使用する。
1957（昭和32）年8月17日	大嵐〜小和田間の第1西山トンネルで地滑りが起こり、不通になる。
1958（昭和33）年8月25日	台風17号で浦川〜平岡間が寸断される。
1958（昭和33）年8月29日	小和田〜中井侍間で土砂崩れが発生する。
1961（昭和36）年3月1日	名古屋〜辰野間で準急「伊那」が運転を開始する。
1961（昭和36）年6月26日	集中豪雨で全線区に被害が続出する。
1961（昭和36）年10月1日	新宿〜天竜峡間で準急「天竜」が運転開始。11月からは長野行きの編成を併結する。
1962（昭和37）年5月21日	準急「伊那」の上諏訪駅乗り入れが開始する。
1963（昭和38）年6月1日	新宿〜飯田間で準急「赤石」が運転を開始する。
1966（昭和41）年3月3日	準急「伊那」「天竜」「赤石」が急行化される。
1967（昭和42）年4月1日	豊橋〜新城間の通勤列車が6両編成で運転開始。同区間の各駅でホームを延長する。
1968（昭和43）年8月29日	台風で浦川〜早瀬間の第1大千瀬川橋梁の橋桁3連が流失する。
1968（昭和43）年10月1日	急行「赤石」廃止。急行「天竜」の新宿行き編成を急行「こまがね」（新宿〜飯田）に統合する。
1972（昭和47）年3月14日	ED17形電気機関車さよなら運転が行われる。
1975（昭和50）年3月10日	定期急行列車がすべて電車化する。
1975（昭和50）年9月22日	飯田〜辰野間でED62形電気機関車の使用開始。2年後には豊橋〜飯田間でも使用を開始する。
1978（昭和53）年11月19日	クモハ52形さよなら運転が行われる。
1979（昭和54）年5月25日	豊橋〜三河槙原をお召列車が運転される。
1979（昭和54）年8月28日	豊橋機関区の旧型国電がすべて引退する。
1982（昭和57）年6月13日	鶯巣〜平岡間の落石危険地帯を迂回するため、藤沢トンネル経由の新線に切り替える。
1982（昭和57）年11月18日	普通列車に165系車両の投入が開始する。
1983（昭和58）年2月14日	119系車両が運転を開始する。
1983（昭和58）年2月20日	80系電車のさよなら運転が実施される（25日までに全廃）。
1983（昭和58）年6月30日	旧型国電の一般運用を終了する。
1983（昭和58）年7月5日	中央本線岡谷駅まで運転延長。「こまがね」以外の急行は、飯田線内では快速運転になる。
1983（昭和58）年8月6日	7日までの2日間、旧型国電（通称ゲタ電）がさよなら運転される。
1984（昭和59）年2月1日	急行「伊那」が廃止される。
1984（昭和59）年6月1日	田切駅が豊橋方面に0.1km移転する。
1985（昭和60）年6月1日	中部天竜機関区廃止。飯田線の荷物営業を廃止する。
1986（昭和61）年11月1日	急行「こまがね」廃止。急行「天竜」を「かもしか」に改称、一部は快速「みすず」に格下げする。
1987（昭和62）年3月28日	豊橋〜中部天竜間にトロッコ列車「トロッコファミリー」号が運転を開始する。
1987（昭和62）年4月1日	国鉄分割民営化によりJR東海（東海旅客鉄道）が承継。日本貨物鉄道が豊橋〜豊川間、元善光寺〜辰野間の第2種鉄道事業者となる。豊川〜元善光寺間の貨物営業を廃止する。
1988（昭和63）年3月13日	急行「かもしか」が廃止される。
1988（昭和63）年9月4日	天竜峡駅開業60周年を記念し、平岡〜飯田間で花電車を再現した列車が運転される。
1989（平成元）年4月10日	165系電車が定期列車から引退する。
1989（平成元）年4月13日	北殿駅で列車衝突事故発生する。
1991（平成3）年12月14日	湯谷駅を湯谷温泉駅に改称する。
1993（平成5）年4月4日	小和田駅で皇太子ご成婚に関連するセレモニーが行われる。
1993（平成5）年12月1日	豊橋〜飯田間に不定期急行「伊那路」（165系車両）を新設する。
1996（平成8）年3月16日	豊橋〜飯田間で、特急「伊那路」が運行開始する。
1996（平成8）年10月1日	元善光寺〜辰野間の貨物輸送が終了し、飯田線の貨物輸送が全廃される。
1997（平成9）年8月20日	飯田〜大嵐間に「飯田線全通60周年記念」号が運転される。
1999（平成11）年1月1日	「初詣伊那路」号が運転される。
1999（平成11）年12月4日	新城（一部本長篠、豊川）から大垣方面（土・休日は一部米原まで）へ「特別快速」が誕生する。
2000（平成12）年3月12日	名古屋〜三河川合間に快速「さわやかウォーキング飯田」号運転。豊橋〜三河川合間の臨時快速も運転される。
2001（平成13）年3月3日	天竜峡〜辰野間でワンマン運転を開始する。
2001（平成13）年4月1日	治水工事に伴い天竜峡〜時又間で全面的な線路付け替え、改キロ（-0.1km）される。
2004（平成16）年10月20日	羽場〜伊那新町間で電車脱線転覆事故が発生する。
2006（平成18）年10月1日	東海道本線との直通列車を全廃する。
2007（平成19）年4月	飯田線全通70周年記念イベントを各地で開催される。
2010（平成22）年3月13日	豊橋駅から豊川駅間でTOICA導入。
2011（平成23）年11月27日	213系5000番代電車投入。同時期に313系3000番代も投入される。
2012（平成24）年3月17日	豊橋〜中部天竜間でワンマン運転開始。
2012（平成24）年3月31日	119系の電車の運用がこの日限りで終了。
2018（平成30）年3月	ラインカラー及び豊橋駅〜豊川駅間で駅ナンバリングを導入。

牧野和人（まきの かずと）

1962年、三重県生まれ。写真家。京都工芸繊維大学卒。幼少期より鉄道の撮影に親しむ。平成13年より生業として写真撮影、執筆業に取り組み、撮影会講師等を務める。企業広告、カレンダー、時刻表、旅行誌、趣味誌等に作品を多数発表。臨場感溢れる絵づくりをモットーに四季の移ろいを求めて全国各地へ出向いている。

【写真撮影】
小川峯生、荻原二郎、辻阪昭浩、野口昭雄、安田就視、山田 亮、山田虎雄、朝日新聞社
（RGG）荒川好夫、小野純一、木岐由岐、高木英二、森嶋孝司

【写真提供】
駒ヶ根市立博物館、新城市役所

【絵葉書提供・解説】
生田 誠

ボックス席が並ぶクモハ53形の車内。モケット地が張られた木製の直角座席は昭和初期に関西都市部の路線に向けて製造された国電の風合いを色濃く残す。掴み手が設置された、背もたれ切り取り部分の形状も秀逸である。車内照明は白熱灯から蛍光灯に換装され、カバー等は着けられていない様子だ。
◎元善光寺
1970（昭和45）年9月
撮影：山田 亮

飯田線
1960～90年代の思い出アルバム

発行日……………2022年10月5日　第1刷　※定価はカバーに表示してあります。

著者………………牧野和人
発行者……………春日俊一
発行所……………株式会社アルファベータブックス
　　　　　　　　〒102-0072　東京都千代田区飯田橋 2-14-5 定谷ビル
　　　　　　　　TEL. 03-3239-1850　FAX. 03-3239-1851
　　　　　　　　https://alphabetabooks.com/

編集協力……………株式会社フォト・パブリッシング
デザイン・DTP ………柏倉栄治
印刷・製本……………モリモト印刷株式会社

ISBN978-4-86598-887-1　C0026